David Bisson ist heute Mitte zwanzig und arbeitet in einem Restaurant. Daß er heute sein Leben meistern kann, verdankt er dem Doktor Tony Lainé (1992 gestorben), der ein renommierter Spezialist für autistische Kinder war.

Evangéline de Schonen arbeitet als Therapeutin in einem Krankenhaus.

Dieses Buch wurde auf chlor- und
säurefreiem Papier gedruckt.

Deutsche Erstausgabe Oktober 1994

Titel der Originalausgabe »L'enfant derrière la porte«

Originalverlag Editions Grasset & Fasquelle, Paris
Umschlaggestaltung Adolf Bachmann, Reischach
Umschlagabbildung Studio Elmar Kohn, Landshut
Satz Compusatz GmbH, München
Druck und Bindung Ebner Ulm
Printed in Germany
ISBN 3-426-77123-3

1 3 5 4 2

David Bisson
Evangéline de Schonen

Das Kind hinter der Tür

Die Geschichte eines Jungen, der jahrelang von seiner Mutter gefangengehalten wurde

Aus dem Französischen
von Christine Steffen-Reimann

Knaur

Für Tony

Vorwort

Ich habe die Zeichnung aufbewahrt, die David für mich am Tag unserer ersten Begegnung angefertigt hat. Er hatte sich darauf selbst unter einem Berg von Exkrementen dargestellt.

Eine lange Prüfung hatte er in dem durchmachen müssen, was am wichtigsten für ein Kind ist, um sich zu entwickeln und sich einen Platz zu erobern: Selbstwertgefühl und Selbstbewußtsein.

Erklärte sich sein verspätetes Wachstum daraus? David war klein für sein Alter, und in den zwei Jahren nach dem Ende seiner Gefangenschaft wuchs er nur wenig. Man ließ ihn ärztlich untersuchen, ohne daß jemals ein genauer Grund für diese Hemmung gefunden werden konnte.

David hat viel an dem Haß gearbeitet, den er in diesem Buch heraufbeschwört. Tatsächlich ist es ihm gelungen, ihn ans Licht zu bringen, wie man sich einen Splitter herauszieht, der einem weh tut. Er hat ihn behandelt, hat sich darangemacht, ihn zu verstehen, die zerrissenen Fäden seiner Geschichte wieder zu verknüpfen, Wahrheiten festzustellen, die nötig waren, damit er sich selber als menschliches Wesen aufbauen konnte.

Als der Haß auf diese Weise ausgetrieben war und das Mitleid, das Gefühl für Zärtlichkeit, »die Verzeihung, ohne es zu wissen«, die Kindheitsbilder, die Träume von Wärme und Sicherheit in der Familie zurückkamen, machte sich David aktiv daran, groß zu werden und sein Zurückbleiben aufzuholen; so bot er ein verblüffendes Zeugnis für die Quellen der Menschlichkeit.

An Mut hat es David nie gefehlt. Er hat lange darum gekämpft, daß nichts über seine Geschichte gesagt oder geschrieben wurde, über das er nicht selber entschieden hatte. Mut brauchte er auch, damit diese Zeilen geschrieben wurden, begleitet von Evangéline de Schonen. Zeilen, die ganz nahe an einer Geschichte in den Abgrund dranbleiben, die wie mit dem Skalpell Wunden öffnen, die gerade erst vernarbt sind und immer noch schmerzen; aber auch Zeilen, die die ehrlichste Anstrengung bedeuten, das tragische Schicksal heraufzubeschwören, das das seine war, und den Willen, sich nicht in dem Trauma einzukapseln, sondern es von der emotionalen Last zu befreien, die es begleitete.

Was derartige Schädigungen und ihr mögliches Rückgängigmachen durch die Arbeit der Erinnerung angeht, habe ich im Laufe unserer Begegnungen viel von David gelernt. Es hat sich gelohnt, dieses Buch entstehen zu lassen, ein Werk, dessen surrealistische

Wahrheit uns bis an die Grenzen der *conditio humana* führt, zur Entdeckung seltsamer Umstände der Verkettung und zu den heilsamen Wirkungen des glühenden Wunsches, zu leben und ein Kind zu verstehen.

»Ganz allmählich haben wir gelernt, uns unvoreingenommen zu verstehen ... Es war eine wahrhaftige elterliche Umerziehung ... Ich mußte erst einmal lernen, sie nicht nur in Schwarz zu sehen ... Zu lernen, daß der Haß vergeht, verschwindet ... Versuchen, mir eine echte Familie aufzubauen ... Ein oder zwei Jahre haben genügt, um den Haß zu dämpfen, abzubauen... Ich hatte statt dessen, ohne es zu wissen, die Kraft zur Verzeihung gefunden.«

Hat David jemals ein Kind sein dürfen? Und wie ist er zu dem Gedanken Goethes gekommen, der meinte, daß man nie erwachsen wird, wenn man seine Eltern nicht verstanden und ihnen vergeben hat?

Es stimmt, daß David bei unseren ersten Gesprächen, als er gerade aus seinem Kerker entflohen war, durch die Schärfe und Beweglichkeit seines Verstandes überraschte. Er setzte ihn in allen Etappen seines Lebens ein, auch als er beschloß, sich für die Freiheit zu entscheiden.

Der kleine Junge, der da vor mir fest auf seinen Beinen stand, suchte nach seiner Geschichte; er fand sie wieder und sprach über sie in einer ausgefeilten und genauen Sprache. Seine Stimme war schwach. Ein zartes Stimmennetz. Bloß nie Lärm machen. Keine Aufmerksamkeit auf sich ziehen. Dabei war er voller Humor und Feingefühl, geizte mit Worten, war immer bereit, Gedanken und Bilder zu verbinden, fähig, in jedem Augenblick deren Sinn zu verstehen. Als man ihm das Lebensnotwendigste genommen hatte, vor allem die Spiele, die für ein heranwachsendes Kind so unersetzlich sind, hat David aus der Tiefe seines Schrankes zweifellos viel zugehört und viel mit den Worten und Bildern gespielt, die er aufschnappen konnte, und mit den Geschichten, die er in seinem Kopf erfand …

Tony Lainé

Ich war vor Angst wie vom Donner gerührt. Ich kehrte mit dem Gefühl in den Gerichtssaal zurück, daß ich eine Riesendummheit gemacht hatte, daß ich der Schuldige war. Ich schloß die Augen und wünschte mir mit aller Kraft, daß alles so schnell wie möglich vorbeiginge.

Es war wie in einem Alptraum. Ein Erzieher begleitete mich. Vor uns standen der Staatsanwalt und drei andere Leute. Ich entdeckte auch zwei Anwälte und einen Zeugen. Doch ich wagte nicht, meine Augen weiterwandern zu lassen.

Ich hatte, als ich hereinkam, nur einen Blick hinter mich geworfen, um zu sehen, ob meine Eltern da waren. Es war niemand da.

Ich kam mir gehetzt vor, in der Falle. Ich kann es nicht erklären. Ich wußte nicht mehr, warum ich da war. In meinem Kopf ging alles durcheinander. Ich blickte zu Boden, und der Staatsanwalt stellte mir Fragen, deren Sinn ich nicht begriff. Ich antwortete irgend etwas und sah dabei auf die Tapete.

Irgendwann hörte ich, daß eine Geschworene zusammengebrochen war.
Ich glaube, es war der schlimmste Augenblick meines Lebens.
Es war der Prozeß gegen meine Mutter. Hinter verschlossenen Türen.

Doch der Prozeß fand ohne mich statt, als ob ich nicht dagewesen wäre. Ich hatte die Verhandlungen in einem ungeheuren Nebel durchgestanden, ich war wie ein Phantom.
Mein Bruder hatte mich gebeten, nichts von alldem zu sagen, was passiert war. Er war traurig, vor allem wegen seines Vaters, glaube ich. Seinetwegen war alles, was ich vor Gericht erklärte, das Gegenteil von dem, was ich dachte. Wenn er nicht dagewesen wäre, hätte ich die Richter niemals angelogen. Ich glaube sogar, ich hätte gesagt: »Verurteilen Sie sie!«
Vielleicht hätte sie zwanzig Jahre im Gefängnis gesessen, oder mehr ... Ich weiß es nicht. Mein Stiefvater hätte sich gut aus der Affäre gezogen, denke ich.
Aber nun ja, ich habe mich nicht verteidigt, ich habe die Schnauze gehalten, ich war ganz allein mit meiner Geschichte, die ich nicht mal erzählte.
Aber ich mußte meinem Bruder helfen. Ich bereue es nicht. Er hat viel für mich getan, als ich eingesperrt war. Ich hatte ihm gegenüber eine Schuld abzutragen.

Vor allem das Zurückgehen, das Zurückspulen dieser verrückten Jahre, war sehr schwierig.
Später schrieb ich an den Justizminister; kurze Zeit darauf sind sie entlassen worden. Aber das ist eine andere Geschichte.

Ich wurde am 29. Mai 1970 in Angers geboren.
Meine Mutter arbeitete damals als Schaffnerin oder Reinigungsfrau, ich weiß es nicht mehr, in den Schlafwagen der Eisenbahn. Auf der Strecke Paris–Nantes. Während einer dieser Touren schob man sie ab, damit sie entbinden konnte. Deshalb wurde ich in Angers geboren.
Als sie mich erwartete, hatte sie nicht aufgehört zu arbeiten. Hatte niemandem etwas gesagt. Schon damals hielt sie mich versteckt. In gewisser Weise kann man sagen, daß ich so nebenbei auf die Welt geworfen wurde.
Auf der Entbindungsstation wollte sie mich verlassen, doch das verweigerte man ihr. Sie muß wirklich in einer schwierigen Lage gewesen sein, wenn sie das tun wollte. Sie war ganz allein, ohne Hilfe, ohne einen Mann an ihrer Seite; ich war eine Last für sie.
Sehr schnell nahm sie ihre Arbeit wieder auf und ließ mich schon in meinen ersten Lebensmonaten bei einer Pflegemutter.
Bei meiner Geburt gab es also keinen Vater für mich.

Wenn ich versuche, so weit wie möglich in meine Erinnerungen hinabzusteigen, ist das erste Bild, das mir sofort vor Augen steht, das des Meeres.
Meine allerersten Gedanken hängen mit einer alten Dame am Meer zusammen. Ich weiß nicht mehr, wo dieses Meer lag. An der Küste der Normandie? War es der Atlantik?
Winzige Bildausschnitte sind mir im Gedächtnis geblieben, blitzlichtartig, wie uralte Fotos, die wieder auftauchen, wie Ausschnitte kleiner Filme ...
Ich erinnere mich nicht mehr an den Namen meiner Pflegemutter; ich glaube, sie war ziemlich alt. Sie wohnte in einer alten Wohnung, ganz in Holz gehalten; das Gebäude war ein bißchen rötlich, wie englische Häuser. Ihres ging auf einen Strand mit Kabinen. Ich verbrachte viel Zeit an diesem Strand, spielte dort und aß Kuchen. Landestege waren dort und ein Freizeithafen, wo wir oft spazierengingen.
Sie kümmerte sich sehr um mich, und ich glaube, sie liebte mich sehr. Was mir bleibt, ist die Süße dieser Erinnerungen ...
Eines Tages machten wir eine Reise mit dem Zug; wir fuhren aufs Land. Ein sehr grünes, sehr schönes Land. Da war ein Riesengarten, eigentlich eher ein Park. Wir waren dort, glaube ich, bei ihren Kindern. Wir haben viel Fußball und Verstecken gespielt. Es war wirklich schön.
Das Leben bei dieser Pflegemutter ist eine meiner ältesten und besten Erinnerungen. Ich weiß nicht, wie lange ich bei ihr war. Ich weiß nicht, wie alt ich wohl

war; ich war sehr klein. Doch so weit ich auch zurückdenke, dieses Haus war es, in dem ich hätte bleiben mögen.
Nach dieser Pflegemutter habe ich andere kennengelernt. Vielleicht ist die Erinnerung an sie weniger stark, aber sie haben in meinem Leben existiert und sicher ihre Bedeutung gehabt.
So kam ich zu einer sehr netten Pflegemutter in der Gegend von Paris. Ich fühlte mich wohl dort. Jeden Morgen durfte ich ein Glas Milch trinken. Das schmeckte und gab Kraft. Sie hatte einen Wohnwagen in ihrem Garten, in dem ich sehr gern spielte. Ich habe wohl einige Zeit bei ihr verbracht. Doch komischerweise habe ich keine genauen Erinnerungen daran zurückbehalten, und nur wenige Bilder.
Dann hat meine Mutter mich geholt.

Sie kam eines Tages zu jener Pflegemutter mit dem Wohnwagen im Garten, bei der ich mich so wohl fühlte. Sie wollte mich zu sich holen. Sie lebte mit einem Mann zusammen, den ich für meinen Vater hielt, und mit einem Baby, meinem Bruder.
Als sie mich mitnehmen wollte, habe ich mich gewehrt. Ich wurde schrecklich zornig. Ich weigerte mich mit aller Kraft, mit ihr zu gehen.
Ich wollte nicht mit ihr zurückgehen. Das stimmt. Ich kannte sie ja gar nicht. Ich war absolut nicht an sie gewöhnt, ich konnte mich nicht an sie erinnern. Sie war eine Fremde für mich. Sie hatte mich seit meiner Geburt allein gelassen. Ich spürte sie so wenig, so negativ oder sogar überhaupt nicht …
Es war sicher sehr hart für sie.
Ich konnte nur schwer akzeptieren, daß sie meine Mutter war.
Ich empfand keinerlei Vertrauen, vielmehr ein tiefes Mißtrauen, das sich ihr gegenüber sofort einstellte.
Von Anfang an weigerte ich mich, sie zu umarmen und mit ihr zu reden. Was Gefühle betraf, war ich

schon recht hartnäckig. Sie hat mit mir wohl eine Riesenenttäuschung erlebt. Vielleicht hat sie deshalb durchgedreht.

Es war ein Gebäude mit einem Spitzdach in Neuilly-sur-Marne. Wir wohnten im zweiten Stock in einer Zweizimmer-Wohnung: Eingang, Wohnzimmer und Schlafzimmer, eine kleine Küche und ein Bad.
Der Boden war mit schwarzweißen Fliesen ausgelegt, und alle Fensterläden waren in Bordeauxrot gestrichen.
Ich erinnere mich ganz deutlich an die Örtlichkeiten in der Wohnung, an denen ich die meiste Zeit verbracht habe.
Wenn man hereinkam, sah man an der linken Wand ein schönes Möbelstück in Eiche, sehr schwer, eine Art Buffet. Rechts stand ein Schrank, und daneben war die Tür zum Bad. Gegenüber der Wohnungstür befand sich die Tür zum Wohnzimmer. Gleich rechts daneben gab es eine Art Vertiefung, einen Raum für die Küche, ohne Tür, die direkt zum Wohnzimmer ging; ich erinnere mich an einen runden Tisch aus Glas in dieser Küche, in der wir manchmal aßen.
Im großen Zimmer war das Fenster in der rechten Wand; es gab ein großes, beigefarbenes Sofa, auf das ich mich, wie ich glaube, niemals setzte, einen Sessel, einen Eichentisch und einen Fernseher. Die Tür zum Schlafzimmer lag dem Fenster gegenüber.
Das Bett meiner Mutter stand rechts neben einem

weißen Holzschrank mit kastanienbraunen Türen, und das, in dem mein Bruder und ich anfangs schliefen, stand hinten im Zimmer an der Wand links neben dem Fenster.

Es gab nur ein Schlafzimmer. Meine Mutter, mein Stiefvater, mein Bruder und ich, schließlich nur mein Bruder, schliefen zusammen.

Als dieses Leben begann, war mein Bruder noch ein Baby, und ich muß wohl so zwei Jahre alt gewesen sein. Ein Stockbett stand für uns im Zimmer, doch ich nehme an, daß er in einem Korb schlief, solange er klein war.

Im ersten Jahr arbeitete meine Mutter nicht, weil sie sich um »ihre« Kinder kümmerte; vielmehr um ihr Neugeborenes. Was mich angeht, konnte sie sich um mich schon damals nur in Form von Wutanfällen und Schlägen kümmern.

Der Stiefvater dagegen spielte mit uns. Normalerweise. Wirklich wie ein richtiger Vater! Ich erinnere mich noch, er war sehr groß und hatte einen dicken Schnurrbart.

Dann begann meine Mutter wieder im Schlafwagen zu arbeiten. Es scheint mir, daß wir sie manchmal am Bahnhof abholten, zusammen mit dem Stiefvater. Mein Bruder und ich kamen wieder zu einer Pflegemutter. Die Tage vergingen friedlich.

Ich wollte immer in den Wagen meines Bruders klettern. Die Pflegemutter sagte mir, ich sei zu groß dafür, ich sei ein großer Junge und müsse als der Ältere laufen. Ach ja!

Mein Bruder ging nicht gerne zu der Pflegemutter. Er blieb lieber zu Hause. Ich fand es dagegen sehr gut, ganz natürlich und sehr friedlich. Ich fühlte mich dort restlos wohl. Nach dieser Pflegemutter waren wir bei einer anderen, bei der wir manchmal auch übernachteten.

Ich kann heute sagen, daß ich so etwas wie eine Vorahnung hatte, ein Gefühl, daß etwas zwischen meiner Mutter und mir schieflief. Die Situation zu Hause wurde immer schwieriger. Sehr schnell begannen die Bestrafungen. Sie prasselten brutal auf mich herab. Vor allem wenn es ums Essen ging, regnete es Schläge. Ich aß langsam und schlecht.

Es ereignete sich immer während der Mahlzeiten. Wir waren alle am Tisch. Zu der Zeit hatte ich noch, wie alle anderen, einen Teller, ein Messer und eine Gabel. Sie ließ mir immer ein paar Minuten, um meinen Teller leerzuessen. Keine einzige mehr. Nun, ich brauchte viel Zeit zum Essen. Sie ertrug das nicht. Manchmal konnte ich nicht mal herunterschlucken, was sie mir hingestellt hatte.

Zum Beispiel gab es da Innereien, die immer wiederkehrten, die ich mich einfach zu essen weigerte und die sie mir aufzwang. Ich starb jedesmal fast vor Ekel. Darauf wurde sie so wütend, daß mir alles mögliche passieren konnte.

Sie ließ mich dann stundenlang auf einer Eisenstange knien, die Nase an der Wand. Oder aber sie schloß mich ganze Tage im Bad ein. Oder aber ich durfte

nachts nicht ins Bett und mußte auf dem Boden im Eingang schlafen. Ganz zu schweigen von den Ohrfeigen, den Schlägen, die ich ohne ersichtlichen Grund verabreicht bekam.
Im übrigen war eines Tages das Stockbett verschwunden. Es war nur noch ein Bett im Schlafzimmer, das meines Bruders. Ich schlief nun entweder im Eingang oder im Bad. Manchmal bekam ich eine Schaumstoffmatratze im Eingang oder einen Teppich, in den ich mich einrollen konnte. Trotzdem fror ich, wegen des Luftzugs unter der Wohnungstür.
Sie terrorisierte mich. Ich wagte nicht, mich zu rühren, auch nur eine Bewegung zu machen, wenn sie da war. Ich blieb in der Position, in die sie mich bei ihrer Strafaktion gezwungen hatte.

Und dann mein Schweigen. Seit ich wieder bei ihnen lebte, sprach ich nicht mehr mit ihr. Nichts mehr. Ich brachte kein Wort heraus. Es war stärker als ich. Ich sah sie nur an. Das war alles. Ich war die ganze Zeit voller Mißtrauen. Auch dafür war sie mir wohl böse.
Wenn ich jetzt daran zurückdenke, so meine ich, daß alles und jedes sie in Wut auf mich versetzen konnte. Eines Tages hatte ich Schwierigkeiten mit dem Wort »Joghurt«. Sie ließ es mich den ganzen Tag aussprechen, bis ich es richtig sagen konnte. Und das Ganze mit Ohrfeigen als Prämie.
Ein anderes Mal zwang sie mich, einen Haufen Schuhe, der durcheinander vor mir lag, zu Paaren

zu ordnen. Natürlich irrte ich mich. Also bekam ich eine Tracht ab.
Einmal – ich weiß nicht mehr, warum – warf ich mit einem Stein nach meinem Bruder, der ihn am Kopf verletzte; er mußte ins Krankenhaus. Und ich verbrachte mehrere Tage auf den Knien, die Nase zur Wand.
Zu dieser Zeit gingen wir noch zu einer Pflegemutter. Sie hatte auch Kinder. Unter anderem eine Tochter, die uns gut kannte, weil wir manchmal bei ihr schliefen. Eines Abends erzählte ich ihr, was bei uns zu Hause los war. Wie meine Mutter mich behandelte, von den Strafen, den Schlägen usw. Natürlich erfuhr meine Mutter von der Pflegemutter alles, was ich ihr erzählt hatte. Und ich durfte nie wieder zu einer Pflegemutter.

Es war an einem Abend oder Morgen; ich weiß es nicht mehr. Ich kniete im Eingang. Sicher zur Strafe. Meine Mutter wirbelte im Haus umher. Ich hatte eine furchtbare Vorahnung. Ich war sicher, daß etwas Schlimmes passieren würde. Ich sah auf die Badezimmertür. Wenn sie mich doch nur wieder zur Pflegemutter bringt, wenn ich nur von hier wegkomme …
Ich war versteinert vor Angst. Ich atmete kaum. Ich wartete.
Dann packte sie mich. Sie brachte mich ins Bad und schloß die Tür ab. Das war's. Ich war eingesperrt, allein, ohne Licht. Wie lange? Ich war viereinhalb Jahre alt.

Von dem Moment an habe ich mich nicht mehr aus dem Bad gerührt. Füße und Handgelenke angebunden, war ich meiner Mutter ausgeliefert.

Keiner [illegible] meine Wohnung [illegible]
Auch nachdem [illegible] noch immer Decken [illegible] [illegible]

Von dem Abgrund ein Stück [illegible] der Pflanzen [illegible] Zeit [illegible]

In [illegible] wenn die Kinder [illegible] [illegible] [illegible]

Kinder, was [illegible] zur Wand gerichtet, mit einer Kerze [illegible], die mit ihrer

Keiner kann meine Mutter besser kennen als ich. Auch nicht mein Stiefvater. Auch nicht mein Bruder. Ich bin ihr am nächsten gekommen, kenne ihr Innerstes unter allen Blickwinkeln. Manchmal frage ich mich, ob ich nicht geträumt habe. Ob all das nicht nur ein riesiger Alptraum gewesen ist …
Ich weiß, daß es nicht so war …

Von dem Augenblick an, da ich nicht mehr zu der Pflegemutter ging, verbrachte ich fast die ganze Zeit angebunden an ein Rohr im Bad, zwischen dem Waschbecken, der Toilette und der Badewanne.
Der Boden war, wie überall in der Wohnung, schwarzweiß gefliest und kalt; die Wände waren aus himmelblauem Stein; ich erinnere mich daran.
In diesem Bad gab es ein Fenster, von dem aus ich, wenn die Läden offen waren, was selten vorkam, den Himmel und die Rolläden des Gebäudes gegenüber sehen konnte.
Meistens war ich, den Kopf zur Wand gerichtet, mit einer Kette um die Taille angebunden, die mit einer

Hundeleine oder einer weiteren Kette verknüpft war; diese wiederum war um das Rohr geschlungen, das unten an der Badezimmerwand entlangführte.
Die Kette schnitt mich in der Taille ein, sobald ich mich bewegte oder mich hinlegen wollte. Ich habe davon merkwürdige Narben zurückbehalten.
Dort also hatte sie mich eingesperrt und angebunden; sie hatte dabei alle Öffnungen um mich herum verschlossen: Die Fensterläden waren mit einem Vorhängeschloß versperrt, und da die Tür kein Schloß hatte, hatte sie ein System aus Nägeln und Schnüren erfunden, das sie von außen verschlossen hielt.
Die Tage folgten auf die Nächte, alle waren gleich und wurden nur durch ihre Wahnsinnsanfälle unterbrochen.

Abends, nach dem Essen, brachte sie mir in einem Napf etwas zu essen und stellte es auf den Badewannenrand. Es war entweder ein Topf oder eine Schale ohne Gabel oder Messer, nur mit einem Löffel. Mit den Resten ihrer Mahlzeit, einer farblosen Mischung, die oft einen scheußlichen Geschmack hatte.
Morgens durfte ich eine Tasse Milchkaffee mit Brot darin zu mir nehmen, oder Suppe, die sie mir daließ, bevor sie arbeiten ging.
Tagsüber bekam ich Orangen oder Äpfel. Manchmal ein bißchen Käse. Manchmal auch nichts. Wenn alle gingen, stellte sie das Wasser ab. Wenn ich Durst hatte, trank ich, was noch im Wasserhahn geblieben war. Wenn kein Tropfen mehr übrig war, holte ich

mir Wasser aus dem Klosett; wenn ich an meiner Kette zog, reichte ich dorthin.
Wenn sie für das gesamte Wochenende fort waren, wußte ich das, weil sie mich dann losband und mir etwas Nahrung daließ; ich aber blieb im Bad eingeschlossen.
Einmal, als sie weggefahren waren, erinnere ich mich, daß ich angefangen hatte, an die Tür zu hämmern und aus Leibeskräften zu schreien: »Ich bin im Bad eingeschlossen ... Die Läden und die Tür sind zugesperrt ...« Dann lauschte ich, ob jemand käme. Nichts. Keine Reaktion. Ich wiederholte den Versuch mehrere Male. Ich hatte das Gefühl, im Leeren zu kämpfen. Da ließ ich es bleiben. Ich weiß nicht, ob mich jemand gehört hat, auf jeden Fall ist niemand gekommen. Ich schwieg wieder. Allein gelassen. Ein Wochenende ist lang. Ich mußte mit dem zu Rande kommen, was sie mir dagelassen hatte.
Manchmal, wenn sie Freunde einlud, durfte ich mein Bad verlassen. Es waren Leute dort, und alles ging gut. Es war eine Gelegenheit, Lärm zu machen. Ich hatte eine laute Stimme, und meine Mutter oder der Stiefvater sagten zu mir: »Sei ruhig, mach weniger Lärm.« Ihre Freunde sahen mich nicht komisch an. Alles verlief normal. Ich spielte mit meinem Bruder. Es waren Pausen im Ablauf der Tage.

Mein Bruder ging zur Schule und kam abends mit der Mutter oder dem Stiefvater nach Hause. Zu dieser Zeit hatte ich nicht viel Kontakt mit ihm.

Da war auch die kleine Hündin Jessy. Die einzige, die mir nicht weh tat. Mit der ich heimlich und verstohlen angenehmen, aber sehr seltenen Umgang hatte. Sie war eine kleine Dackelhündin und war vor allem die Hündin des Stiefvaters. Von Zeit zu Zeit machte sie Pipi im Badezimmer. Manchmal gelang es mir, sie zu streicheln.
Später würde sie bei mir im Zimmer auf dem Bett bleiben. Wir würden Freunde werden. Ich empfand Zärtlichkeit für sie. Das waren meine einzigen freundschaftlichen Bande.
Nach meiner Flucht kam sie mit mir ins Heim.

Ich folgte dem Leben der anderen, ohne es zu leben. Ich kannte all ihre Gesten. Ich richtete mich nach den Geräuschen, die sie in der Wohnung machten. Ich hörte alles. Sie wuschen sich abwechselnd im Bad. Meine Mutter badete; der Stiefvater auch. Ich vermied es, sie anzusehen. Vielleicht beunruhigte es mich in manchen Augenblicken, interessierte mich sogar; doch meistens blieb ich reglos sitzen, den Kopf zur Wand gedreht, und wartete, daß sie das Bad verließen. Sobald sie mich in Ruhe ließen, sobald sie meine Gegenwart vergaßen, war es mir egal, daß sie nackt vor meiner Nase herumspazierten. Ich war zu der Zeit noch klein, fünf, vielleicht sechs Jahre alt.
Einmal jedoch erinnere ich mich an etwas Unangenehmes, als sie in dieses Bad kamen. Ich war sicher schon größer, und in meinem Kopf vermutlich nicht mehr alles so einfach. Sie waren wohl damals noch verliebt.

Sie kam, um sich die Haare zu waschen, ich erinnere mich sehr gut. Er trat ins Bad, und sie fingen an, sich aufeinander zu stürzen, als ob es mich nicht gäbe, als ob ich nur ein Tier wäre, das nichts begriff. Ich kann es nicht erklären, aber ich fühlte mich sehr schlecht.

Um mich zu waschen, band sie mich los. Sie wusch mich immer mit kaltem Wasser. Niemals gab es warmes Wasser für mich. Selbst später, in Brétigny, als ich schon groß war, wusch ich mich nie ganz allein.
Ich hatte nur ein Minimum an Kleidung am Leibe. Einen Slip, ein Leibchen; manchmal eine Hose; und wenn es richtig kalt war, einen Pullover. Das war alles. Sie wechselte meine Wäsche ziemlich oft.

Glück hatte mein Bruder. Er nahm jeden Tag ein warmes Bad. Mit Schaum. Er tauchte stundenlang mit seinen Spielsachen ins Wasser – jedenfalls kam es mir unendlich lange vor!
Ich saß neben der Badewanne, angebunden an mein Rohr, und er thronte wie ein Fürst in seinem Schaum, gleichgültig, zumindest sah es so aus. Er sprach nicht mit mir. Ich noch weniger mit ihm. Die Mutter war nicht weit. Wir hatten Angst vor eventuellen Strafen.

Abends hörte ich, wie sie noch sehr spät fernsahen. Mein Bruder war schon im Bett. Oft ging der Stiefvater vor meiner Mutter schlafen.
Und die Nacht kam.

Und der Schrecken setzte ein.
Vor allem nachts quälte sie mich, verprügelte sie mich. Sie bekam echte Wahnsinnsanfälle. Sie schloß alle Türen: die des Schlafzimmers, des Wohnzimmers und die vom Bad. Sie schloß sich mit mir ein. Und dort ließ sie sich immer mehr einfallen, je größer ihre Wut wurde.

Oft ging es um Wasser. Oder um Feuer.
Ich hatte Angst vor dem Sterben, Angst davor, in der Badewanne zu ertrinken.
Sie füllte die Badewanne mit kaltem Wasser, band mir die Hände zusammen, packte mich an den Füßen und tauchte mich mit dem Kopf zuerst hinein; dabei hielt sie mich unendlich lange unter Wasser. Ich war wohl gut im Luftanhalten ...
Dann wieder band sie mich mit den Füßen an den Griff der Toilette, den Kopf in der Schüssel, und sie zog die Spülung. Ihre Wut wurde noch größer, wenn ich mich mit aller Kraft an das Rohr an der Badezimmerwand klammerte, damit sie mich nicht ergreifen konnte.
Und ich glaube, ich hatte in diesen Augenblicken sehr viel Kraft, um Widerstand zu leisten.
Ich hatte lange Haare. Mit ihrem Feuerzeug verbrannte sie sie mir. Anzünden, löschen; man hätte denken können, es sei so etwas wie ein Spiel für sie. Oder aber sie goß Brennspiritus neben mir auf den Boden und zündete ihn an.
Einmal goß sie über alle meine Kleider Bleichlauge, so daß mir die Augen brannten.

Oft band sie mir nach diesen qualvollen Nächten die Hände mit einer festgezurrten Schnur hinter dem Rücken zusammen, bevor sie zur Arbeit ging; und ich blieb dann den ganzen Tag so angebunden, bis zur Rückkehr des Stiefvaters, der mich losmachte. Die Einschnitte der Schnur waren so tief, daß sie brannten. In den Nächten, in denen sie mich in Ruhe ließ, schlief ich auf dem Boden, oder, wenn die Kette zu festgezogen war, stützte ich mich auf dem Badewannenrand ab.

Eines Tages verbrannte sie mir die Hände. Ich muß zwischen vier und fünf Jahren alt gewesen sein. Ich war schon seit langem eingesperrt. Jedenfalls kam es mir in meiner Erinnerung sehr lange vor.
Ich kauerte wie immer unter dem Waschbecken. Sie reichte mir einen Apfel und sagte zu mir: »Iß den bloß schnell auf, du mußt ihn aufgegessen haben, bis ich zurückkomme.«
Vorsichtig biß ich in diesen Apfel. Das Schlucken machte mir immer Mühe.
Ich hörte, wie sie zurückkam, und ich hatte noch nicht aufgegessen. Ich steckte alles, was noch übrig war, in den Mund und versuchte, so viel wie möglich hinunterzuschlucken. Ich erstickte fast. Da bekam sie einen Riesenwutanfall. Sie ließ kochendes Wasser ins Bidet laufen. Dann packte sie mich, legte mir ein Handtuch über den Kopf, um meine Schreie zu ersticken, klemmte mich zwischen ihre Beine und tauchte meine Hände ins Wasser.
Ich spürte ein Prickeln, ein Gefühl, als berührte ich

mit den Fingerspitzen elektrischen Strom. Ich wehrte mich wohl, doch sie war natürlich stärker als ich. »Wenn es nur schnell vorbei ist …« Am Anfang konnte ich die linke Hand zurückziehen; die rechte Hand blieb im Wasser. Dann drückte sie beide ins Wasser. Als sie mich losließ, waren meine Hände scharlachrot. Ich weiß nicht, was sie am Abend meinem Stiefvater erzählte. Ich hatte Verbrennungen dritten Grades an den Händen. Sie behandelten mich mit Biogaze, es war die Hölle! Die Haut fühlte sich an wie rohes Fleisch. Doch ich weinte nicht, als sie mich behandelte; sie machte mir zu viel Angst.

Sehr viel später brachten sie mich wegen einer Transplantation ins Krankenhaus. Zwischen den Fingern hatte sich bei mir Haut gebildet, ein wenig, als ob ich Schwimmhäute an den Händen hätte. Doch es war zu kompliziert, mir eine neue Haut zu verpflanzen. Man mußte mir Haut vom Rücken entnehmen. Ich war sicher viel zu klein.

Ich habe eine gute Erinnerung an diesen Krankenhausaufenthalt. Ich spazierte in den Gängen herum. Ich hatte einen schönen, ganz weichen Pyjama. Die Schwestern verwöhnten mich. Sie sagten, ich sei ein hübscher Junge. Keiner hatte eine Ahnung von meinem anderen Leben.

Einmal bekam ich Besuch von einem bärtigen Herrn, vielleicht einem Erzieher. Er war sehr nett. Wir sprachen über Autos und andere Dinge. Über Banalitäten. Ich war gut gelaunt, fühlte mich gesund, war zufrie-

den, dort zu sein. Dieser Herr mir gegenüber konnte sich nicht vorstellen, was bei mir zu Hause vorging. Ich hatte viel zuviel Angst, daß man mir nicht glauben könnte. Ich schämte mich sicher auch. Vielleicht hätten sich die Erwachsenen untereinander sogar solidarisch verhalten. Kurz und gut, ich schwieg.
In diesem Augenblick passierte etwas Seltsames: Wir redeten weiter; ich hatte das Waschbecken mit Wasser gefüllt und mein Handtuch hineingetaucht. Er sah mir erstaunt zu. Sicher sagte er sich, daß ich plötzlich verrückt geworden sein mußte. Wenn ich jetzt davon erzähle, kann ich diese Geste mit meinen verbrannten Händen in Verbindung bringen. Sie waren von kochendem Wasser verbrannt und meine Schreie mit einem Handtuch erstickt worden. Ich wollte diesem bärtigen Herrn etwas erzählen!
Dann kam eines Tages mein Stiefvater, um mich abzuholen, und ich kehrte ins Badezimmer und ins Schweigen zurück.
»Niemals redest du«, warf er mir vor. Es stimmt, ich sagte nichts. Aber worüber hätte ich schon mit ihnen reden können?
Meine Hände sind für mich eine seelische Behinderung geworden. Selbst wenn ich inzwischen verdaut habe, was ich lange als ein Gebrechen ansah.
Glücklicherweise war der Schmerz geringer, als ich klein war.

Später, in der Schule, hat mich das vor viele Probleme gestellt. Ganz abgesehen davon, daß ich der Älteste in der Klasse war, was schon schwierig genug war! Wir spielten Ringelreihen, und niemand wollte unbedingt neben mir sein. Sie mieden mich. Und wenn es schließlich nicht mehr anders ging, reichten sie mir nicht die Hand, sondern hielten mich am Handgelenk fest. Das störte mich. Ich hatte noch stärker das Gefühl, anders zu sein. Ich weiß nicht, ob der Lehrer es bemerkte. Aber ich war jedenfalls sehr unglücklich. Einmal ging ich mit den Kindern aus dem Heim meines Bruders in Paris spazieren. Ein Erzieher machte mich völlig fertig. Ich nahm nie die Hände aus meinen Manteltaschen. Wir waren im Café. Der Erzieher sagte ziemlich laut: »David, nimm die Hände aus den Taschen.« Ich war völlig genervt. Ich hatte das Gefühl, daß mich alle im Café ansahen. Dabei hatte dieser Erzieher recht. Ganz langsam habe ich die Hände herausgenommen, und nichts ist passiert.

Jetzt, da ich erwachsen bin, macht es mir nichts mehr aus.

Ich bin daran gewöhnt. Ich denke nicht mehr daran, außer in gewissen Momenten, zum Beispiel in öffentlichen Verkehrsmitteln. Ich spüre noch die Blicke, aber im Grunde habe ich mich daran gewöhnt.

Aber wenn es eines Tages möglich wäre, möchte ich doch versuchen, mir an beiden Händen die Haut verpflanzen zu lassen. Vielleicht in einem anderen Leben!

Ich glaube, daß ich mir dort drinnen im Bad nichts vorstellen konnte. Ich meine, daß in meinem Kopf Bilder entstanden durch das, was ich hörte, was ich sah, und aus der Erinnerung an die Pflegemütter. Das ist alles. Ich konnte keine Vorstellung von der Außenwelt und auch nicht von ihrer Kompliziertheit haben. Meine Bilder entstanden aus den Geräuschen oder aus unterschiedlichen Lichtverhältnissen. Wenn es zum Beispiel schön war und Fenster und Läden halb geöffnet waren, sah man den Widerschein des blauen Himmels im Badezimmerspiegel. Ich sah die Vorhänge und die Balkone des Gebäudes gegenüber. Was mich an die alte Dame am Meer und an die Schiffe erinnerte. Ich denke sofort ans Meer, sobald ich ein wenig Blau am Himmel sehe.

Selbst ohne genaue Vorstellung flossen meine Gedanken. Diese Gedanken, diese Träume halfen mir zu überleben. Seit ich frei bin, habe ich nicht weiter darüber nachgedacht. Im Leben gibt es so viele Dinge zu tun. Ich habe weniger Zeit zum Denken.

Mein Leben beschränkte sich auf die Wand, auf das Rohr im Bad, auf die Kette, auf die Anwesenheit oder Abwesenheit meiner Mutter … Doch ich lauschte viel und ständig auf alle Geräusche von außen: auf die Gespräche, die von unten im Haus zu hören waren, auf die der Familie in der Wohnung. Die Schreie der Kinder im Hof genau unter mir; ich spielte mit ihnen; ich hörte sie aus der Schule kommen. Ich hörte die vorbeifahrenden Autos; ich sah ihre Schatten auf den Fensterläden. All das hielt mich am Leben. Ein bißchen so, als ob ich am Leben der anderen draußen teilnähme.

Wenn mein Bruder aus der Schule kam, brachte er manchmal einen oder zwei Freunde mit; ich hörte sie im Schlafzimmer oder im Wohnzimmer spielen.

Später, wenn ich bei meiner Großmutter gewesen sein würde, würden die Bilder des Lebens mit ihr mich trösten: Sie hatten zumindest existiert!

Durch diese Badezimmertür erfuhr ich im Grunde alles, was passierte. Hören war mein Überleben. Die Worte bleiben.

Ich erinnere mich nicht, ernsthaft krank gewesen zu sein. Ich muß wirklich eine eiserne Gesundheit gehabt haben.
Eines Tages ließ sie mich Orangenschalen schlucken, und ich bekam fürchterliches Bauchweh! Ich hatte die Schalen hinter der Toilette versteckt, um mit ihnen zu spielen und aus ihnen kleine Autos auf dem Badewannenrand zu machen. Meine Mutter erwischte mich bei diesem Spiel. Ich wurde gezwungen, mein Spielzeug zu essen.
Auch hatte ich schreckliche Kopfschmerzen: Ein Vorderzahn war durch einen Schlag mit dem Duschkopf herausgeschlagen worden. Ich weiß nicht mehr, womit ich mir diesen Schlag eingehandelt habe. Aber seitdem hatte ich ständig furchtbare Kopfschmerzen. Und dann verschwand eines Tages dieser Kopfschmerz ganz von alleine.
Jetzt bin ich sehr widerstandsfähig, ich werde selten krank und auf jeden Fall von allein wieder gesund; es vergeht immer sehr schnell. Ich bin daran gewöhnt, bin hartgesotten ...

Die körperlichen Schmerzen vergißt man schnell. Sie hat immer versucht, mir weh zu tun, sehr weh, sie war eine echte Henkerin.
Mein eigentlicher Schmerz aber ist ein seelischer.
Es gibt Erinnerungen, die schwer zu ertragen sind: Weihnachten zum Beispiel. Ich hörte sie alle hinter der Tür. Sie feierten. Mein Bruder bekam Geschenke, viele Geschenke. Ich bekam nichts, durfte ihnen nur vom Bad aus zuhören. Mein Bruder war das verwöhnte Kind; ich war ein Tier. Und dabei wird ein Tier noch besser behandelt.
Ich hatte das Gefühl, im Vergleich zu meinem Bruder schrecklich ungerecht behandelt zu werden. Warum ich? Ich ganz allein in dieser Situation?
Diese Wut, die sie an mir ausließ ... Ich war so etwas wie ein Punchingball für sie.
Wenn ich jetzt daran zurückdenke, so hatte unsere Beziehung etwas Tierisches, ja sogar Bestialisches. Es war eine Geschichte wilder Tiere. Die Sprache wilder Tiere. Wir sprachen nie miteinander. Wenn sie das Wort an mich richtete, antwortete ich nicht.
Wenn ein Tag begann, wußte ich nie, was mich erwartete.
Es kam vor, daß sie früher von der Arbeit heimkam. Sie war dann schon am frühen Nachmittag da. Sie war allein mit mir. Wie nachts ... Die Dinge konnten dann genauso ablaufen.
Meine Beine begannen zu zittern, sobald ich den Klang ihrer Stimme hörte oder ihre Anwesenheit in der Wohnung spürte. Schließlich hatte ich die ganze

Zeit Angst. Wenn sie nicht da war, ruhte ich mich aus. Wenn sie zurückkam, war ich ständig in Alarmbereitschaft. Ich wandte meine ganze Energie dafür auf, Widerstand zu leisten.

Sie hatte oft einen Bambusstock in der Hand, der ich weiß nicht woher auftauchte. Sie näherte sich mir und sagte, ich solle ruhig sein: »Ich will dich nicht hören, sonst mache ich weiter.« Und sie schlug mich halbtot. Einmal hatte ich die Kerne eines Apfels hinter der Toilette versteckt. Zweifellos, um später damit zu spielen. Als sie das bemerkte, wurde sie so wütend, daß sie ihren Schuh mit dem Pfennigabsatz nahm – den rechten, wie ich mich erinnere – und mir fast den Schädel einschlug. Sie stürzte sich mit einer solchen Heftigkeit auf mich, daß ich blutete wie ein Schwein. Ich glaube, sie hatte an diesem Tag große Angst.
Wenn ich sie kommen hörte, griff ich nach dem Rohr im Bad und klammerte mich mit aller Kraft daran. Sie konnte mich nur mit Mühe losmachen. Das heizte ihre Wut noch mehr an. Also packte sie mich am Hals und drückte zu. Sie erwürgte mich fast. Ich sah weiße Blasen vor meinen Augen. In solchen Momenten folgten dann Erpressungen: »Ich werde dir nichts mehr tun, wenn du das Rohr losläßt.«
Eine andere Stelle, an die ich mich klammern konnte, war das Möbelstück aus Eiche im Eingang. Manchmal band sie mich los. Dann fand ich mich im Eingang fast unter dem Möbelstück wieder. Ich erinnere mich an ein großes Küchenmesser neben meinem Gesicht.

Verschreckt klammerte ich mich an das Möbelstück. Ich hatte den Eindruck, daß sie mich töten könnte; daß, wenn ich den Mund aufmachte, etwas Schreckliches passieren würde.
Ich kann heute nicht mehr sagen, weswegen sie das Küchenmesser hervorgeholt hatte.

Die Demütigungen, die Qualen, die zum Alltag gehörten, bezogen sich auch auf das Essen. Sie ließ mich wieder herunterschlucken, was ich aus Ekel vor dem scheußlichen Fraß, den sie mich zu schlucken zwang, herausgekotzt hatte.
Manchmal träumte ich davon, sie für alles bezahlen zu lassen. Ich sagte mir: Wenn ich hier rauskomme, werde ich sie lynchen.
Ich weiß nicht, warum sie mir all das angetan hat. Aber schon als kleiner Junge las ich bei all ihren Wutanfällen auf ihrem Gesicht, daß sie verrückt war.

Trotzdem erinnere ich mich inmitten all dieses Schreckens an eine Zäsur der Ruhe. An eine gute Zäsur. Es kommt mir so weit weg vor. Ich weiß nicht, was an diesem Tag genau passiert ist; aber ich erinnere mich an eines: An diesem Tag bin ich mit meiner Mutter ausgegangen. Ich war noch ziemlich klein und schon seit langem eingesperrt.

Der Stiefvater bekam wohl Besuch von Freunden, und sie hatte zweifellos keine Lust, sie zu sehen, auf jeden Fall keine Lust, dabeizusein.

Sie wußte nicht, wohin mit mir. Wir sind in den Keller gegangen. Wir bewegten uns im Kreis. Sie sagte, daß sie mich vielleicht im Keller lassen würde. Da weigerte ich mich ganz deutlich. Vielleicht entschieden genug. Auf jeden Fall nahm sie mich mit. Wir gingen den ganzen Tag spazieren.

Irgendwann fragte sie mich, ob ich jemanden besuchen wollte, einen Herrn, glaube ich; ich begriff es nicht. Vielleicht war es ein Freund von ihr. Ich weigerte mich. Wir gingen in eine Bar, um etwas zu trinken. Dann spazierten wir weiter. Ich war vielleicht erstaunt, daß sie mit mir spazierenging! … Und dann redete ich. Ich hörte nicht mehr auf damit. Ich erinnere mich: Es war Abend, kurz bevor wir zurückkamen. Ich sprach von allem, was ich sah: von den Flugzeugen am Himmel, von den Autos … ich erzählte Geschichten. Ich fühlte mich wohl. War überhaupt nicht mehr mißtrauisch. Ich brachte sie zum Lachen. Und sie lachte wirklich.

Und dann wurde es dunkel. Wir kamen nach Hause. Ich kehrte zurück ins Bad. Sie brachte mir in einer Salatschüssel geraspelte Karotten; es waren viele; ich ließ mir Zeit. Ich hörte zu, was sie dem Stiefvater erzählte, der im Bett lag. Mein Bruder schlief schon. Die Gäste waren fort. Und ich ließ mir zu viel Zeit, um diese Karotten zu essen. Da ging es wie vorher los: Es hagelte Schläge, und plötzlich war da wieder ihr Zorn …

Es war nur für einen Tag so. Ein Gnadenzustand? Ich bin nie dahintergekommen, was an diesem Tag mit uns los war.

Mit neun Jahren zog ich ins Elternschlafzimmer. Heute sage ich »neun Jahre«. Aber damals hatte ich keine Ahnung von meinem Alter.

Ich war an ihr Bett gebunden, genau neben dem Schrank und dem Nachtkästchen. Ich weiß nicht, warum sie beschlossen hatte, mich umzulagern. Vielleicht war ich zu groß, um im Bad zu bleiben? Auf jeden Fall geschah es nach den zwei Monaten bei meiner Großmutter.

Ich war oft unter dem Bett. Oder auch manchmal auf dem Bett unter einem Federbett. Man sah mich nicht. Ich war immer mit einer Kette festgebunden. In gewisser Weise war es bequemer als im Bad. Die kleine Hündin Jessy leistete mir Gesellschaft. Sie schlief den ganzen Tag auf dem Bett.

Meine Mutter ließ mir einen Nachttopf da, verbot mir jedoch, ihn während ihrer Abwesenheit zu benutzen. Was nicht gerade einfach war! Ich erschrak bei dem Gedanken, ihr nicht zu gehorchen, und gleichzeitig mußte ich ihn ein- oder zweimal am Tag doch benutzen. Was, wenn sie abends nach Hause

kam, Anlaß zu wütenden Szenen gab, die ich so gut kannte.
Vom Fenster des Schlafzimmers aus sah ich die Äste eines großen Baumes, einer Eiche, glaube ich, ein Gebäude gleich dahinter und Garagen darunter. Ich hörte unten immer Kinder schreien und spielen.
Ich lebte in diesem Zimmer.
Tagsüber hatte ich meinen Frieden. Meine Eltern gingen zur Arbeit und mein Bruder in die Schule.
Wenn manchmal Freunde zu Besuch kamen, steckten sie mich unters Bett.

In manchen Nächten band sie mich los, und ich konnte im Eingang schlafen.
Aber an anderen Abenden, nach einem Wutanfall, band sie mir die Hände hinter dem Rücken zusammen, ziemlich fest, ließ mich am Fußende ihres Bettes knien, riß mir den Kopf nach hinten und sagte: »Jetzt rührst du dich nicht mehr!«
Und natürlich wagte ich nicht, auch nur eine Bewegung zu machen, aus Angst, mir Schläge einzuhandeln! Selbst wenn sie schliefen, rührte ich mich nicht.
Mein Kopf fiel vor Müdigkeit herunter, erschreckt wachte ich auf. Dann schlief ich wieder ein. So verbrachte ich viele Nächte auf den Knien und sah zu, wie sie schliefen.
Manchmal ließ sie mich angebunden unter dem Bett.
Sie kümmerten sich überhaupt nicht um meine Anwesenheit. Ich hörte, wie sie sich über meinem Kopf liebten. In diesem Augenblick war ich nichts mehr.

Ich hatte keine Existenz mehr. War ausgelöscht. Weggefegt. Ein Scheißehaufen! ...
Ich glaube, das waren die härtesten und schmerzlichsten Augenblicke meines Lebens.

Im Laufe eines dieser Tage, an denen ich mich tödlich langweilte, durchwühlte ich alles, was mir in die Finger kam. Vor allem das Nachtkästchen.
Ich hatte ein Buch gefunden – es war schwarzgelb, wie ich mich erinnere. Während ich die beschriebenen Seiten betrachtete, von denen ich nichts verstand, fiel ein Foto heraus. Es zeigte meine Mutter mit einem brünetten Typen, der nicht der Stiefvater war. Doch ich erkannte sofort, daß ich dem Mann auf dem Foto ähnlich sah; er hielt meine Mutter im Nacken fest.
Wer war dieser Typ? Ich war völlig durcheinander, in einem Schockzustand. Doch ich konnte mir nicht die richtigen Fragen stellen, denn für mich war ja der Stiefvater mein Vater. Ich legte das Foto wieder an seinen Platz zurück und das Buch auf das Nachtkästchen.
Eine undeutliche Erinnerung stieg verschwommen wieder auf: Einmal, als ich noch nicht eingesperrt war und der Fernseher lief, hörte ich meine Mutter sagen: »Ach, schau nur, da singt Papa!« Ich habe nicht aufgepaßt. Für mich war Papa der Stiefvater.
All das geriet in völlige Vergessenheit bis zu dem Tag, als ich erfuhr, daß ich nicht der Sohn des Stiefvaters war.

Der Mann, der mit meiner Mutter lebte, hätte mein Vater sein müssen. Er war groß und hatte einen ziemlich dicken Schnurrbart. Ich glaube, er war ein schöner Mann. Aber er war zweifellos eine schwache Persönlichkeit. Man könnte sagen, ohne viel Rückgrat.

Am Anfang ihres gemeinsames Lebens war er wohl sehr verliebt. Er wollte vor allem meiner Mutter nicht mißfallen. Wollte keine Probleme. Also hat er sie gewähren lassen.

Dabei spielte er, als ich noch ganz klein war, mit mir und meinem Bruder; er wollte wohl, daß das Leben normal verliefe.

Von dem Augenblick an, als sie mich ins Bad sperrte, verschlimmerte sich alles, und er ließ sich selber auf einen Teufelskreis ein. Und da sie gewalttätig war und vor allem tätig wurde, wenn er nicht da war oder wenn er schlief ...!

Zum Beispiel arbeitete meine Mutter manchmal sonntags. Wo? Ich weiß es nicht. In einem Restaurant? Als Kassiererin in einem Einkaufszentrum? Jedenfalls eine Arbeit, die sie auch sonntags ausüben mußte. An diesen Tagen band der Stiefvater mich los und ließ mich hinaus. Ich aß am Tisch mit ihm und meinem Bruder. Mit einem Teller, einer Gabel und einem Messer! Ich sah Fernsehen mit ihnen und spielte mit meinem Bruder.

Wenn es soweit war, daß meine Mutter heimkommen sollte, brachte er mich wieder ins Bad, um Repressalien zu vermeiden.

Er sprach sehr wenig mit mir. Ich im übrigen auch nicht mehr mit ihm; ich richtete praktisch kein Wort an ihn. Wir hatten eine schweigsame Beziehung.
Einmal versuchte er sogar, meine Mutter zu überzeugen, mich in die Schule zu schicken. Ich hörte, wie er diese Möglichkeit vorschlug. Es war, als ich von meiner Großmutter zurückkam; ich war also neun Jahre alt. Er hat es nicht geschafft. Seine Bemühungen haben nichts gefruchtet. Er hat sich einlullen lassen oder sonst was; ich ging nicht zur Schule.
Im Grunde denke ich, daß er nur seinen Frieden wollte, daß er in Ruhe gelassen werden wollte. Jeder hatte sein Kind. Er hatte meinen Bruder; sollte meine Mutter doch mit mir zurechtkommen. Er wollte seine Haut und die seines Sohnes retten.
Er hatte einen guten Job; im Handel, glaube ich.
Manchmal hatte er Freundinnen. Ich erkannte es am Ton, den ihre Streitgespräche dann annahmen: Dann brüllten sie sich ganz schön an! Und auch weil ich gesehen hatte, wie meine Mutter an seiner Kleidung herumschnüffelte, um Parfümspuren oder Haare zu entdecken, wie sie seine Taschen und seine Papiere durchwühlte ... Ich sah dabei zu, wie sie sorgfältig im Bad alles durchsuchte! Es war beeindruckend!
An manchen Tagen war ihre Beziehung alles andere als ruhig!

Erst viel später, nach meiner Flucht, konnte ich eine normale Beziehung mit ihm haben. Ich besuchte ihn im Gericht vor dem Prozeß. Die Besuche dauerten nie

lange, aber wir konnten ziemlich frei miteinander reden. Ich hatte eigentlich einen guten Kontakt zu ihm. Ich sah ihn getrennt von meiner Mutter. Im übrigen war ihre Beziehung beendet, sobald beide ins Gefängnis gekommen waren.
Als er freikam, besuchte ich ihn mehrmals zu Hause. In der Gegend von der Place de la Vendôme. Er war mit einer anderen Frau zusammengezogen. Mein Bruder lebte bei ihm. Vielleicht erwartete ich etwas von ihm. Etwas, was einem Vater ähnlich sah ... Es stimmt, daß ich besser mit ihm zurechtkam als mit meiner Mutter. Er wollte wissen, was aus mir wurde. Ich weiß nicht, was jetzt mit ihm los ist. Seit langem haben wir nicht mehr miteinander gesprochen.
Vielleicht ist es jetzt möglich, auf ihn zu bauen?
Von meiner Seite aus ist alles offen ...

Ich erinnere mich an die Familie des Stiefvaters. Es war eine Gelegenheit, an die frische Luft zu kommen! Es war Sommer. Ich war zirka sechs Jahre alt.
Sie hatten niemanden gefunden, der während der Ferien auf mich aufpassen konnte. Also hatten sie mich in die Familie des Stiefvaters mitnehmen müssen. Sie hatten ein Haus im Vaucluse mit einer seiner Schwestern gemietet. Er hatte viele Schwestern. Er kam aus einer großen Familie.
Wir gingen in den Bergen spazieren; ich hatte Angst, ins Leere zu stürzen; oder vielmehr Angst, daß meine Mutter mich hinabstieß. Ich schlief mit ihnen im Zelt. Mein Bruder schlief im Haus.

Dann fuhren wir zu den Eltern des Stiefvaters ins Loir-et-Cher. In dieser Familie waren alle sehr nett. Und da ich eher ruhig war, verlief alles sehr gut. Ich vergaß ein wenig mein Badezimmer. Ich schwieg sehr oft. Ich achtete darauf, nicht aufzufallen. Ich war ein wenig auf der Hut, doch ich genoß diese Freiheit auch.

Ein anderer sehr wichtiger Sommer war der, als ich zwei Monate bei meiner Großmutter war. Ich war schon größer, ungefähr neun Jahre alt. Sie hatten wohl nicht gewußt, wohin mit mir – wieder mal. Sie fuhren allein in den Urlaub. So landete ich denn bei meiner Großmutter auf dem Land.
Ich erinnere mich an den ersten Tag, als ich ankam: Ich war vollkommen verloren. Wie in einem Traum. Ich berührte den Boden nicht mehr. Als ich neben dem Auto stand, glaubte ich noch auf dem Grund eines Loches zu sein. Ich begriff nicht, ich rührte mich nicht, denn das war doch sicher nur ein Traum, der aufhören würde ... Da holte mein Bruder mich.
Es war ein richtiger Bauernhof mit Hühnern, Hasen, Hunden, Katzen und einer Ziege. Wir brachten die Ziege aufs Feld, und wir sammelten die Eier ein. Wir kümmerten uns um den Garten, der in meiner Erinnerung groß war.
Es war die Entdeckung der Welt, des Paradieses.
Meine Großmutter fuhr mit mir auf ihrem Solex spazieren. Ich fühlte mich wirklich wohl bei ihr. Mor-

gens wachte ich mit einem Sonnenstrahl auf meinem Bett und dem Schrei des Hahns auf.
Ich sagte ihr, daß ich für immer bei ihr bleiben und in die Schule im Dorf ganz in ihrer Nähe gehen wolle.
Ich hoffte inbrünstig, daß sie mich nicht holen würden und daß ich dort bleiben konnte. Manchmal hatte ich große Lust, ihr alles zu erzählen, doch ich hatte auch Angst, daß sie mir nicht glauben könnte oder daß sie mich für verrückt halten würde.
Was meine Hände anging, log ich sie an.
Wie auch meine Eltern sie in bezug auf mich, auf die Schule, auf mein Leben anlogen …
Nach diesem Stück Paradies endete der Sommer, und sie kamen mich holen. Dieser Ausflug in die Freiheit hatte meinen Geschmack daran geweckt und mir genug Kraft verschafft, um sie später wiederzufinden.

Als ich aus dem Paradies meiner Großmutter zurückkam, verlegte meine Mutter mich in ihr Schlafzimmer und band mich an ihr Bett.

Von dort aus versuchte ich ein Jahr später im Laufe des Sommers zu fliehen.

Ich weiß nicht, woher ich die Kraft nahm, es zu tun. Doch es war wirklich eine phänomenale Macht, die mich nach draußen trieb.

Ich war mit einer grünen Lederhundeleine an eine Kette gebunden, die mit einem Vorhängeschloß zugesperrt und am Bett befestigt war. Das Fenster des Schlafzimmers war offen, und meine Mutter war einkaufen gegangen.

Ich hatte im Nachtkästchen ein Messer gefunden. Ich schnitt das Leder der Leine durch; ich glaube, ich nahm die Laken und hängte sie an das Geländer vor dem Fenster.

Ich hörte den Schlüssel im Schloß der Wohnungstür; ich ließ mich bis zum zweiten Stock herab – wir wohnten im dritten. Ich sprang auf das Dach der Garage unten; ich zerbrach Ziegel, mein rechtes Bein

knickte um; ich fiel vom Dach; ich hatte mir den Kopf aufgeschlagen und eine Verstauchung. Ich hinkte, und das Blut lief mir überall herunter.
Ein Mann mit seinem Hund sah mich, rief ein Paar, das gerade spazierenging; alle drei brachten mich aufs Polizeirevier von Neuilly-sur-Marne.
Dort fragte man mich nach meinem Namen und wo ich wohnte: Ich hatte keine Ahnung. Auf jeden Fall sagte ich nichts. Darauf brachten sie mich ins Krankenhaus.
Ich weiß nicht, wie man meine Mutter verständigte. Doch sie kam am Abend und brachte mir Spielzeugsoldaten.
Ich blieb einen Monat im Krankenhaus. Den ganzen August des Jahres 1980. Es war schön. Ich wollte ans Meer fahren. Mein Zimmer hatte einen Balkon und einen Fernseher, und es gab im Krankenhaus ein Spielzimmer; es war wirklich ein Paradies.
Ich erinnerte mich, daß ich ins Büro der Krankenschwestern ging und zu Hause anrief. Meine Mutter nahm ab, ich hörte ihre Stimme und legte wieder auf. Immer nahm sie ab; nie der Stiefvater. Manchmal war sie wütend. Ich weiß nicht, warum ich das tat: um zu sehen, ob sie da war? Um ihre Stimme zu hören? Als ob ich in diesem Moment eine gewisse Macht hätte?… Vielleicht wollte sie mich endgültig dalassen?
Im Krankenhaus fragte man mich nach einiger Zeit, wann meine Eltern mich abholen kämen. Ich hatte keine Eile. Ich bin mir über die Geschichte nicht ganz klar. Alles wird verschwommen.

Doch Ende August kamen sie, um mich mitzunehmen, und ich kehrte in mein Gefängnis zurück.

Ich hatte immer das Gefühl, unter einem unglücklichen Stern geboren zu sein. Er stand hinter mir. Wie ein Schatten. Ich sah das Unglück voraus. Ich war nie ruhig. Ich befand mich auf einer schlechten Fährte. Wie ein Tier, das die Gefahr wittert. Ohne sie zu sehen oder zu kennen.
Schon bei der alten Pflegemutter wußte ich, daß mein Platz nicht dort war, und ich hatte das unbestimmte Gefühl, daß etwas passieren würde.
Ich habe heute noch manchmal das Gefühl, von Katastrophen verfolgt zu werden, das Gefühl, daß das Böse mich einholt, aber auch das Gefühl, daß ich ihm im letzten Augenblick entkommen kann!

Für alle hat es viel Leid gegeben. Der Anwalt meiner Mutter sagte eines Tages zu mir: »Ihre Mutter hat viel gelitten.« Er war der zweite, der mir das sagte.
Und meine Großmutter? Sie hatte wohl auch nicht gerade ein fröhliches Leben. Also begann ich ihr Leben zu erforschen ...

Meine Großmutter wird bald sechsundsiebzig. Sie ist eine alte Dame, die alles mögliche mitgemacht hat! Es war nicht selbstverständlich für sie, ein Urteil über alles, was passiert ist, zu fällen. Sie hat weiße, kurzgeschnittene Haare. Heute bin ich größer als sie. Sie ähnelt gleichzeitig mir und meiner Mutter. Zum Ar-

beiten trug sie immer einen Kittel. Ich glaube, sie liebte mich. Ich hatte immer Vertrauen zu ihr. Sie ist der Mensch in der Familie, dem ich mich am nächsten fühle.
Die Zeugenaussagen während des Prozesses, die ihr Leben im Rückblick kommentierten, haben viel Schlechtes über sie zutage gefördert. Aber ich bin sicher, daß sie kein leichtes Leben gehabt hat. Es war ein wildes Leben. Sie konnte wohl nur mit großer Mühe ihre Kinder großziehen.
Jetzt hat sie eine Tochter verloren und einen Enkel gewonnen. Ihre Tochter hatte sie schon verloren, als meine Mutter ungefähr mit vierzehn fortging, um ihr Leben in Paris zu leben. Sie verstanden sich überhaupt nicht. Ich habe anstelle einer Mutter, die keine war, eine »Mutter«-Großmutter gewonnen; ich empfinde sie eher als eine Mutter denn als eine Großmutter. Selbst wenn ich sie nicht sehe, weiß ich, daß sie existiert.

Vor drei Jahren haben wir oft gestritten. Ich weiß nicht, worum es ging. Ich hatte einige Wochen in den Ferien bei ihr verbracht. Einmal warf sie mir vor: »Immerhin bist du nur ein Bastard!«
Es war wie ein Dolchstoß. Eine schreckliche Kränkung. Ich versuchte, ihr zu antworten. Dann schluckte ich wie immer alles hinunter. Ich habe nichts gesagt.
Meine Wut blieb in mir drinnen. Unterirdisch.
Ich war ihr zutiefst böse. Der einzige Mensch in der

Familie, der behauptete, er liebe mich, und dann sagte sie mir so etwas! ... Ich fühlte mich abgelehnt. Traurig. Sehr unglücklich ... Seitdem habe ich sie nicht mehr besucht.

Danach half mir die Zeit, zu verstehen, und vielleicht auch die Geschichte, die ich Schritt für Schritt rekonstruiere ...

Ich habe den Eindruck, daß sie mit jemand anderem als mit mir sprach. Mit ihrer Tochter zum Beispiel. Was sie ihr nicht mehr sagen konnte, sagte sie nun mir! Sie beschimpfte auch meine Mutter als Bastard. Ihre Geschichte mit ihrer Tochter war die gleiche wie die meiner Mutter mit mir: Wir hatten alle beide keinen Vater. Meine Großmutter war dafür ganz sicher ihrer Tochter böse. Sie konnte sie nur mit Mühe lieben. Und meine Mutter reproduzierte die Situation, indem sie mich zu einem Bastard machte. Meine Großmutter kann ihre Tochter also nicht verurteilen. Beide sind auch gleich starrköpfig. Dabei sind sie jedoch auch völlig verschieden: Meine Großmutter ist eine Bäuerin. Meine Mutter ist eine Kleinbürgerin, geradezu manisch um Sauberkeit bemüht, sie steckt ihre Füße nicht gern in den Dreck. Aber sie sind beide Familienoberhäupter! Und ich befinde mich in der Mitte des Sees! Zwischen den beiden. Auf jeder Seite eine. Dieses Gefühl habe ich jetzt.

Heute dürfte es kein Mißtrauen mehr zwischen meiner Großmutter und mir geben, und wir müßten in Ruhe sprechen können.

Ich glaube, ich bin nicht mehr wütend auf sie.

Im Juli 1981 zogen wir nach Brétigny. Es war das Jahr nach meinem Fluchtversuch.

Sie fühlte sich wohl in Neuilly-sur-Marne nicht mehr sehr sicher. Andererseits hatte sie im Krankenhaus den Namen meines Bruders angegeben. Man hatte mich unter falschem Namen behandelt!

Im übrigen – und das sollte ich erst später erfahren – hatten meine Mutter und mein Stiefvater in den südlichen Vororten eine neue Arbeit gefunden: Er war Direktor eines kleinen Geschäftes und sie Chefkassiererin, irgend so etwas. Kurz, es ging um sozialen Aufstieg, für sie lief es gut!

Ich wußte nicht genau, was vor mir lag. Im Haus herrschte große Aufregung. Der Umzug ging sehr schnell vonstatten.

Sie hatten einen Lieferwagen gemietet. Sie ließ mich ganz schnell das Haus verlassen, wie ein Dieb, und ins Auto steigen, nach hinten, unter die Decken. Mein Bruder saß auf ihren Knien, der Stiefvater fuhr. Ich war gerade elf Jahre alt, mein Bruder zehn.

Die Wohnung in Brétigny war viel größer. Man kam sofort in einen ziemlich breiten Flur. Die Küche gegenüber der Tür war groß und hell. Wenn man den Flur weiterging, lag das Wohnzimmer rechts; es hatte ein Doppelfenster. Dann kam links das Bad und sofort danach das Schlafzimmer der Eltern. Gegenüber befand sich das Zimmer meines Bruders; und eingezwängt zwischen den beiden Zimmern lag am Ende der Wohnung und des Flures mein Wandschrank.

Sie dirigierte mich sofort nach der Ankunft hinein. Ohne ein Wort zu sagen. Ohne einen Moment der Pause, um durchzuatmen.

Der Schrank maß zwei Meter auf zwei Meter siebzig. Ich las es später in der Akte. Auf einer Seite waren Regalbretter.

Sie räumten ihre Sachen ein. Sie richteten sich ein.

Sie brachte mir einen Eimer – es kam für mich nicht in Frage, aufs Klo zu gehen, das neben dem Bad auf dem Flur lag; es war zu weit –, und sie brachte mir auch eine Schaumstoffmatratze, die sie auf die Bretter legte. Dann machte sie die Tür des Schrankes zu und schloß zweimal ab. Ich war wieder eingesperrt.

Und dann begann eine neue Art von Leiden. Es waren nicht mehr die Schläge, sondern das Vergessen, das völlige Verlassensein. Wenn ich jetzt daran zurückdenke, so meine ich, daß es vielleicht besser ist, Schläge hinzunehmen, als allein in der Stille und in der Dunkelheit zu bleiben. Ich konnte nichts mehr sehen. Kein Licht drang durch die Tür zu mir. Völlige Dunkelheit.

Am Anfang brachte sie mir ziemlich regelmäßig einen Eßnapf. Das heißt, abends und morgens. Dann, ganz allmählich, geschah das nur noch irgendwann, und sie ließ dabei ganze Tage aus.

Sie vergaß mich in meinem Verlies. Ich existierte nicht mehr. Ich war ausradiert. Vorbei. Ich konnte mehrere Tage ohne zu essen und zu trinken bleiben. Ich versuchte, Ruhe zu bewahren, mich nicht aufzuregen. Ich spürte, wie es in mir kochte. Dann legte ich mich hin und blieb in der Dunkelheit liegen, ohne mich zu rühren. Ohne zu schreien. Um meine Kräfte zu schonen.

Ich wollte ihr keine Schwäche zeigen, keinen Schiß. Alles passierte in meinem Kopf, in der Stille.

Ich wollte sie um nichts bitten. Wenn sie mir zu essen brachte, hätte ich es gerne zurückgewiesen, doch mir fehlte der Mut. Ich hatte Hunger. Mir war schwindlig, sobald ich aufstand. Zur Weißglut gebracht, war ich halbtot.

Diese Hungerstreiks konnten bis zu vier Tage dauern. Jedesmal dachte ich, ich würde sterben. Sie kam dann mit einem Teller Suppe oder anderen Dingen, die ziemlich undefinierbar waren, oder auch manchmal mit einer Tasse Milchkaffee, die sie auf den Boden stellte. Ich erinnere mich nicht mehr an den Geschmack des Inhalts dieser Eßnäpfe. Wider Willen stürzte ich mich darauf und aß wie ein Wilder.

Ich denke heute, daß sie mich in Brétigny hätte töten können.

Einmal sind sie für eine Woche weggefahren.
Ich erriet, daß es diesmal länger als sonst dauern würde. Als ich in der Dunkelheit nach dem tastete, was sie mir dagelassen hatte, spürte ich, daß es mehr war als normal: Käse, Obst, eine Flasche Wasser, Brot und ich weiß nicht was noch. Trotzdem nicht so viel, daß man daran hätte ersticken können! Eine Woche völlig allein in der Dunkelheit ist lang. Schrecklich lang. Ich teilte mir meine Nahrung ein, so gut ich konnte, durch Abtasten.
Was auch störend war, waren die Gerüche. Mein Eimer fing an, schlecht zu riechen. Außerdem wußte ich absolut nicht, wie lange ich allein bleiben würde. Jetzt, nach all der Zeit, kann ich sagen, daß es eine Woche war.

Im Lauf der Zeit »organisierte« sich das Leben. Nachts streckte ich mich auf meiner Schaumstoffmatratze aus. Es war genug Platz da. Von Zeit zu Zeit brachte sie mich zum Waschen ins Bad. Ich gewöhnte mich daran, mich mit Hilfe des Gehörs, des Tastsinns und der Gerüche zu orientieren. Heute noch kann ich sehr gut im Dunkeln leben, wie ein Blinder. Ich brauche nur eine Brille zum Lesen oder um einen Film anzusehen.
Ich hörte alles. Ich wußte alles, was in der Wohnung vor sich ging. Ständig war ich in Alarmbereitschaft.

Ich kannte den Schritt meiner Mutter, wenn sie zurückkam. Ich wußte, wo sie den Schlüssel zum Wandschrank versteckte, einfach durch das Geräusch, das er machte, wenn sie ihn in den Topf auf einem Regal im Bad fallen ließ.
Was mittwochs manchmal recht nützlich war. Mein Bruder ging dann nicht zur Schule und war am Nachmittag oft da. Die Mutter war zur Arbeit. Dann öffnete mein Bruder die Tür. Wir setzten uns in die Küche und aßen. Wir schalteten den Fernseher ein. Wir sprachen wenig. Selbst mit ihm herrschte Schweigen vor.
Wenn es Zeit war, daß meine Mutter nach Hause kam, hetzte ich in meinen Schrank zurück. Das waren sozusagen kleine Fenster nach draußen, durch die das Leben möglich wurde und die mich den Rest ertragen ließen, ohne zu sterben.
Wenn mein Bruder nicht gleich den Schlüssel fand, gab ich ihm durch die Tür Hinweise, denn ich hatte meine Mutter ihn hinlegen hören. Offenbar wechselte sie den Platz je nach Lust und Laune. Doch wenn der Schlüssel wirklich nicht aufzufinden war, schob er mir unter der Tür schmale Bücher durch; ich konnte lesen oder vielmehr die Bilder erkennen mit dem wenigen Licht, das tagsüber bis zum Schrank drang.

An einem solchen Mittwoch aßen wir gerade in der Küche. Plötzlich hören wir, wie sich die Eingangstür öffnet. Voller Panik stürze ich mich in den Schrank, in den mein Stiefvater seine Sachen räumt, das heißt, im Zimmer meines Bruders am anderen Ende des Flures gegenüber der Küche. Ich hätte direkt in meinen Wandschrank gehen können. Aber nein. Ich weiß nicht, warum ich den Schrank wählte. Kurz, ich saß zusammengekrümmt unter den Mänteln. Mein Herz schlug zum Zerspringen. Ich hatte das Gefühl, daß man nichts anderes hörte als mein Herz. Und der Stiefvater sucht ausgerechnet etwas in diesem Schrank. Ich höre, wie er kommt, wie er ihn betrachtet; dann entfernt er sich, kommt jedoch wieder. Ich war zur Statue erstarrt. Schließlich schließt er die Tür des Schrankes mit einem Riesenseufzer wieder. Darauf das Geräusch der zufallenden Wohnungstür. Ich habe nicht einmal gehört, was er zu meinem Bruder sagte. Sicher hatte er mich gesehen. Er hatte ganz sicher mit Absicht die Tür des Schrankes geöffnet. Er hatte gehört, wie ich mich dort versteckte. Auch mein Bruder fühlte sich nicht wohl in seiner Haut.

Am Abend hat mein Stiefvater kein einziges Wort davon zur Mutter gesagt. Sie hätte mich wahrscheinlich umgebracht. Wir fuhren mit unseren Mittwochnachmittagen fort, etwas weniger häufig zwar, und wir paßten besser auf.

Ich dachte an den Tod. Wenn auch ohne Bilder. Ohne Vorstellung. Einfach als an ein Verschwinden. Eines Abends sagte meine Mutter mir in meinem Wandschrank, daß der Mann der Dame über uns gerade gestorben sei. »Mach keine Dummheiten, keinen

Lärm, über uns ist ein Herr gestorben.« Ich war sehr beeindruckt. Dieser Tod beschäftigte mich die ganze Nacht. Wenn mir nun auch so etwas passierte? Wenn ich hier starb, ganz allein, ohne daß jemand wußte, daß ich hier in meinem Wandschrank war? Ich verbrachte Augenblicke höchster Angst, ohne genau zu wissen, was mit mir los war.
Noch eine andere schreckliche Angst hatte ich: vor Feuer oder einer Gasexplosion. In Neuilly waren damals, als ich im Schlafzimmer unter dem Bett gehaust hatte, Feuerwehrleute dagewesen. Sie hatten die Türen eingetreten, wohl um ein Feuer zu löschen. Es hatte Krach und ungewöhnliche Aufregung im Haus gegeben. Und ich war ans Bett gebunden und begriff nichts. Nur daß niemand außer mir in der Wohnung war. Alle waren auf die Straße gegangen, meine Mutter auch. Sie hatte mich allein gelassen.
In der Nachbarwohnung war Gas ausgeströmt. Als ich verstand, was passiert war, bekam ich nachträglich noch große Angst.

In Brétigny war ich also wachsam. Ich hatte die Gewohnheit angenommen, ständig zu schnüffeln, vor allem, wenn ich allein in der Wohnung war.
Ich war wie besessen von dem Gedanken an eine derartige Katastrophe.
Eines Tages vergaß meine Mutter einen Topf auf dem Herd, den ganzen Tag. Ich war voller Angst. Der Geruch nach Angebranntem drang mir in die Nase. Ich konnte nichts tun. Und natürlich war es ein Tag,

an dem keiner vor dem Abend nach Hause kam. Ich erinnere mich an den Zorn des Stiefvaters, als er heimkam! Ich hörte sie beide schreien. Ich fühlte mich nicht in Sicherheit und schnüffelte weiter tief unten in meinem Loch.

Die Tage ähnelten den Nächten. Die Tage gingen vorbei; ich sah durch das Schlüsselloch das bißchen Licht, das hindurchdrang, ich sah, wie der Tag verlosch ... Ich erwartete ihre Rückkehr, lauschte auf neue Geräusche.
Ich wußte ungefähr die Uhrzeit, wann mein Bruder aus der Schule kam. Aber oft kam er mit Freunden zum Spielen und beachtete mich überhaupt nicht. Ich hörte sie im Nebenzimmer plaudern und lachen. Schließlich sahen mein Bruder und ich uns nur noch am Mittwoch.
Der Stiefvater kam manchmal zum Mittagessen nach Hause. Er schaltete das Radio in der Küche an. Ich hoffte immer, daß er die Türen öffnete, zumindest die der Küche, und daß ich das bißchen Licht und seine Gegenwart ausnutzen könnte. Aber nein. Er schloß sich seinerseits ganz allein in der Küche ein. Er aß. Dann ging er wieder, nachdem er das Radio ausgeschaltet hatte. Alles wurde wieder still. Und ich befand mich wieder in einer noch schwärzeren Dunkelheit.
Ich empfand in diesen Momenten eine unendliche Traurigkeit. Ein Jahr lang blieb ich im Dunkeln. Ich hätte das Leben so nicht länger ausgehalten. Diese

Zeit im Wandschrank war viel härter, viel schrecklicher als die im Bad oder im Schlafzimmer.
Es war eine endlose Nacht. Eine Nacht ohne Grenzen. Mit dem Gefühl, von der ganzen Welt vergessen, verlassen zu sein. Die Dunkelheit ist der Tod.
Ich habe in der Dunkelheit immer viel nachgedacht. Vielleicht um nicht sterben zu müssen ... Glücklicherweise hatte ich die Bilder von dem Bauernhof meiner Großmutter, die ich mir immer wieder vorführte wie einen Film, und ich dachte, daß ich eines Tages wieder dorthin zurückkehren würde. Und dann immer wieder die Bilder vom Meer ... Doch von der Welt wußte ich nichts. Ich war wie ein Tier.
Heute noch führt mich die Nacht in den Wandschrank zurück, und schmutzige Bilder kommen mir in den Sinn ... Ich kann ohne Licht nicht einschlafen. Sonst steigen die alten Gedanken wieder auf ... Ich sehe furchtbare Bilder ...
Das Licht ist meine Sicherheit. Es läßt mir die Zeit, meine Gedanken zu ordnen. Ich kann Musik hören und lesen. Das beruhigt mich. Ein ganz kleines Licht genügt mir zur Begleitung, wenn ich einschlafe. Aber in der Dunkelheit kommt die Angst zurück. Und mit ihr Todesqualen. Vor allem wenn ich allein bin.

Selbst wenn ich keine Vorstellung von der Außenwelt hatte, habe ich viel geträumt.
Ich stellte mir vor, daß ich zur Schule ging und Lesen und Schreiben lernte. Alles außerhalb meines Wand-

schrankes kam mir leicht vor. Das Leben draußen war sicher schön!
Da ich oft Radio hörte, immer denselben Sender übrigens, ließ ich mich von der Musik, die an mein Ohr drang, einwiegen.

Diese Nacht hat ein Jahr lang gedauert. Die Atmosphäre in der Wohnung wurde immer drückender. Ich hörte meine Eltern ständig schreien. Ganz offenbar schien es zwischen beiden sehr schlecht zu stehen.

Eines Abends lud meine Mutter Freundinnen ein. Ich weiß nicht mehr, ob der Stiefvater auch da war. Auf jeden Fall hörte ich sie spät in der Nacht diskutieren, und eine ihrer Freundinnen übernachtete bei uns. Am nächsten Morgen sind beide eilig zur Arbeit gegangen. Meine Mutter kam dann wieder zurück; sie mußte mir etwas in meinen Wandschrank bringen, doch in der Aufregung vergaß sie, meine Tür abzuschließen.
Sie war fort. Ich war ganz allein, die Tür war offen. Ich weiß nicht, ob sie es nicht im Grunde doch absichtlich getan hat.

Seit langem schon hoffte ich, daß sie eines Tages vergessen würde, die Tür abzuschließen. Doch als es dann soweit war, zögerte ich, sofort davonzulaufen.

Ich schaffte es nicht, zu gehen. Etwas hielt mich zurück. Ich traute mich nicht. Ich kann es nicht ganz genau erklären. Ich sagte mir: Ich mache keine Dummheit, sie wird sehen, daß ich geblieben bin, und dann wird sie es vielleicht morgen noch einmal vergessen.

Ich hatte Angst: Angst zu gehen, Angst vor dem Draußen, Angst zu bleiben, vor dem, war sie mir noch antun konnte. Ich wußte nicht mehr, wie ich dran war, noch was ich tun sollte. Ich war wie gelähmt. Die Hündin lag auf dem Bett. Sie sah mich an. Sie zitterte. Als ob sie etwas ahnte ... Ich werde mich immer an ihren Blick erinnern. Ich war traurig, daß ich sie allein lassen mußte. Sie war in all diesen Jahren meine einzige freundschaftliche Gesellschaft gewesen.

Ich wanderte in der Wohnung umher. Ich ging aus dem Flur in die Zimmer. Ich kehrte wieder in die Küche zurück. Ich aß ein wenig. Es gelang mir nicht, einen Entschluß zu fassen. Ich fühlte mich wirklich sehr schlecht, und ich war erregt.

Und dann plötzlich geschah es: Ich öffnete den Schrank meines Bruders und nahm einen Anorak heraus, eine Mütze und Tennisschuhe, die zu groß für mich waren. Ich sammelte aufs Geratewohl alle gelben Sachen zusammen, die in den Schlafzimmern und im Wohnzimmer herumlagen. Es durfte nicht zu schwer werden.

Ich öffnete die Tür. Ich war draußen.

Sobald ich unten war, merkte ich, daß ich das Portemonnaie vergessen hatte. Ganz schnell ging ich noch einmal nach oben. Die Hündin lag immer noch unbeweglich auf dem Bett. Ich nahm das Geld und lief wieder hinunter.
Gegenüber dem Haus sahen mich die Leute auf dem Bürgersteig an. Ich war vor Angst halbtot. Es war warm, denn es war August. Doch das wußte ich nicht.

Ich war noch nie allein draußen gewesen. Ich stand auf der Straße und wollte zu meiner Großmutter. Doch ich hatte keine Ahnung, wo sie wohnte. In Wahrheit mußten es wohl zweihundert Kilometer bis zu ihr sein. Ich glaube, ich wäre niemals dort angekommen. Es war unmöglich. Ich hatte keine Ahnung, in welche Richtung ich gehen sollte, noch wie das Dorf hieß, absolut nichts.

Ich ging aufs Geratewohl los. Ich wandte mich bei allen Autos um, die an roten Ampeln hielten, und glaubte jedesmal, meine Mutter oder den Stiefvater zu sehen. Ich bekam immer größere Angst.
Um die Straße zu meiden, um mich zu verbergen, betrat ich einen Garten. Das Tor stand offen. Ich spazierte ein wenig im Garten umher. Dann rollte ich mich unter eine Hecke. Leute kamen aus dem Haus. Es waren viele. Es war zweifellos eine große Familie oder sie hatten Freunde eingeladen.
Als sie auf mich zukamen, redeten sie miteinander.

Ich hörte nicht sehr viel. Wie ein Igel hockte ich zusammengekauert da. Sie fragten: »Ist er tot? Was ist los?«
Da stand ich plötzlich auf und redete ganz schnell drauflos. Ich erzählte alles gleichzeitig: vom Wandschrank, von meinen verbrannten Händen ... Ich flehte sie an: »Bringen Sie mich nicht wieder nach Hause ...«
Dann ging alles sehr schnell. Sie brachten mich ins Eßzimmer. Sie riefen die Polizei. Ich saß zwischen zwei Damen. Ich erinnere mich nicht mehr daran, was ich sagte.
Die Polizisten kamen und nahmen mich mit. Sie wollten wissen, wo ich wohnte. Sie waren sehr mißtrauisch. Sie riefen in der Zentrale an, um sich zu vergewissern, daß ich kein Ausreißer war.
Den Namen meiner Straße kannte ich nicht. Ich hätte sicher den Ort wiedererkennen können. Doch tief in mir war ich zumindest einer Sache sicher: Es war besser, vor den Polizisten den Idioten zu spielen, als wieder bei meiner Mutter zu sein. Ihr wäre es wohl noch gelungen, die Polizisten zu überzeugen, daß sie mich suchte oder Gott weiß was. Ich hätte wieder dortbleiben müssen.
An all das dachte ich in dem Wagen, der in der Stadt herumfuhr, und wie ein Automat wiederholte ich: »Nein, nein, hier ist es nicht.«
Den Abend verbrachte ich auf dem Revier.
Ich beantwortete Fragen und gab dabei so viele Einzelheiten wie möglich an. Ich redete immer weiter.

Ich beschrieb, ich erklärte. Wie ein Roboter. Die Worte kamen mir leicht über die Lippen.
Nun, schließlich kam ich aus einem Wandschrank. Nur das hatte ich im Kopf.
Manchmal müssen sie mich wohl für einen Verrückten gehalten haben.
Ich glaube, sie vergaßen, mir etwas zu essen zu geben. Nach einem Arztbesuch um ein Uhr nachts landete ich in einem Heim in Brétigny. Dort gab man mir ein Bett. Ich erinnere mich, daß ich am Morgen, als ich aufstand, meine Mütze aufsetzte und jemand sagte: »Hast du Läuse oder was?« Ich achtete nicht auf die Beleidigung, doch das fing ja gut an!
Sie gaben mir Sachen zum Anziehen und zu essen. Irgendwelche Leute brachten mir Geschenke: eine Uhr und ein großes Amphibienflugzeug mit Fernbedienung! So etwas hatte ich im Leben noch nie gesehen! Es gab noch andere Dinge, doch ich erinnere mich nicht mehr an sie.
Dann tauchten die Journalisten im Heim auf, um mich zu sehen. Doch als sie mich ausfragten, hatte ich mich schon ausgeklinkt. Ich schwebte in einem halb bewußtlosen Zustand dahin. Ich war einfach nicht mehr anwesend. War wie vor den Kopf geschlagen. Es ist kein einziges Bild übriggeblieben. Ich stand wie unter einer Betäubung. Doch ich lebte. Ich konnte in Freiheit atmen.
Sie hatten die kleine Hündin geholt. Ich hatte sie bei mir im Heim, doch da gab es so gewalttätige Jugendliche, daß ich Angst um sie hatte. Später würde ich

sie mit einem Erzieher wieder zu der Mutter des Stiefvaters bringen. Dort würde sie sicherer sein.

Als ich floh, war mein Bruder in den Ferien. Es hat ihm wohl einen gewaltigen Schlag versetzt, als er von der Verhaftung seiner Eltern erfuhr. Er wurde sofort in ein Heim der Jugendfürsorge gebracht.
Auch für ihn ist das Leben wohl nicht einfach gewesen. Er durfte nach außen nicht über mich sprechen. Außerhalb des Bades, des Schlafzimmers oder des Wandschrankes existierte ich nicht. In der Schule galt er als der einzige Sohn. Zu Hause wurde er Zeuge von Dingen, über die er noch weniger reden konnte. Das mußte für ihn schon sehr seltsam und schwierig sein. Er war eineinhalb Jahre jünger als ich. Ich weiß nicht, was ich für ihn darstellte. Er hat alles getan, was er konnte, um mir zu helfen. Ihm bin ich natürlich nicht böse. Er kann nichts für diese ganze Geschichte.
Meine Mutter behandelte ihn wie einen König. Er bekam alles. Sobald er einen Husten hatte, rief sie den Arzt. Er hatte alle Spielsachen der Welt ... Diese unterschiedliche Behandlung von meinem Bruder und mir hat schmerzhafte Spuren hinterlassen.

Körperlich ist er ziemlich groß. Auf jeden Fall größer als ich. Er hat blaue Augen, und seine Haare sind blond und kraus. Er sieht gut aus! Ein wirklich hübscher Junge! Er ist eher sportlich als intellektuell begabt; aber sicher intelligent.
Wir haben nie viel geredet, aber als man uns in

verschiedene Heime steckte, besuchten wir uns am Wochenende. Wir machten viel gemeinsam, und schließlich verstanden wir uns gut. Als sein Vater und unsere Mutter aus dem Gefängnis kamen, zog er zu seinem Vater. Er konnte seine Ausbildung beenden.
An manchen Wochenenden ging er mit mir zur Mutter. Ich spürte, daß er glücklich darüber war, daß es ihm gefiel. Wir lernten wieder, zusammenzuleben.
Selbst wenn wir nie über die Vergangenheit redeten, habe ich heute das Gefühl, daß ich getan habe, was ich mußte, damit wir uns wiederfanden. Damit etwas möglich wurde.
Ich hätte gerne gewollt, daß wir wieder zusammenlebten, er, meine Mutter und ich, wie eine richtige Familie ... Aber wir haben uns aus den Augen verloren. Wir reden nicht mehr miteinander. Ich weiß heute nichts mehr von ihm.
Ihn wiedersehen? Warum nicht? Doch das kann jetzt nur von ihm ausgehen. Er weiß, wo er mich finden kann. Er ist intelligent genug, um zu wissen, daß ich Vertrauen zu ihm habe.

Nach meiner Flucht landete ich in einem Heim der Fürsorge, wo ich kurze Zeit blieb. Ich wußte von gar nichts etwas. Am Anfang mußten alle Männer wie der Stiefvater und alle Frauen zweifellos wie meine Mutter sein. Ich wies eine völlige Unkenntnis von allem auf. Man könnte sagen, ich war naiv. Oder vielmehr wie ein Tier. Ein echter geistig Zurückgebliebener!
Die Worte als solche bedeuteten nicht viel. Außer denen, bei denen es um das strikte Lebensminimum ging! Ich dachte, es genüge, Lesen und Schreiben zu lernen, und daß man danach alles tun könnte!
Das heißt, jeden Beruf ausüben! ... Ich hatte solche Träume, wollte Pilot werden oder Lokomotivführer! ... Ich wurde schnell desillusioniert!
Ganz am Anfang meines Lebens in Freiheit kam ich in die Schule des Heims. Ich lernte zu lesen und zu rechnen. Dort ging alles einigermaßen. Selbst wenn es ziemlich schwer war, sich dem Rhythmus anzupassen.
Ich war mit Kindern zusammen, die viel kleiner waren als ich. Bei den Mahlzeiten, erinnere ich mich, aß

ich wie ein Raubtier, ich aß alles auf. Ich glaube, ich war ziemlich gewalttätig.
Ein paar Monate später brachte man mich in ein Heim des Justizministeriums in Evry. Ich war zwölf Jahre alt. Evry war wie eine kleine Familie. Wir waren nicht viele. Ich war ein bißchen wild. Ich machte viel Lärm, redete viel. Nicht, daß die anderen mir Angst einjagten, ich war nur nicht an sie gewöhnt.
Die Erzieher lehrten mich zu leben. Ich ging weiter zur Schule. Ich lernte das Leben: zu reden, zu spielen, zu essen, zu raufen. Eben einfach alles! Alles war wichtig.
Ich wurde von den Erziehern verhätschelt. Sie waren wirklich alle nett zu mir. Es konnte einfach nicht besser gehen. Ich habe genau das bekommen, was ich brauchte. Ich hatte viel Glück.

Ich lernte alles auf einmal. Entdeckte alles. Wir fuhren ins Skilager oder machten Ausflüge aufs Land oder ans Meer. Ich erinnere mich an das erste Mal, als ich das Meer wiedersah! Der Sand, der Strand, der blaue Himmel, die Wellen, kurz, es war wundervoll! Das Paradies! ...
Ich lernte Skifahren und auch Reiten. Ich habe sogar ein Taucherzeugnis! Ich entdeckte viele Dinge in kürzester Zeit. Ich wurde von den Erziehern wirklich gut angeleitet und habe an diese Jahre nur gute Erinnerungen.
Problematischer war die Schule selber. Was den Lern-

stoff anging, konnte ich nicht alles nutzen, was man mir bot. Ich war ein bißchen überfordert.
Danach fühlte ich mich sehr schuldig. Es war eine Katastrophe. Ich arbeitete nicht. Ich lernte nichts mehr. Ich schaffte es nicht mehr.
Jetzt bedauere ich das wirklich. Ich möchte lernen, kennenlernen, lesen, genug Dinge wissen, um einen Beruf zu finden, der mir liegt. Ich weiß wirklich noch nicht genau, was. Kleider zu entwerfen, Mode zu machen interessiert mich. Aber ich weiß noch nicht, wie ich das schaffen soll ...

Parallel zu meinem Leben im Heim ging ich zu T.L., einem Psychiater.
Als ich das erstemal in seinem Büro war, fühlte ich mich sofort wohl. Ich hatte gleich Vertrauen. Obwohl ich damals ziemlich heftig war. Furchtbar aggressiv! Als ob ich wütend, geradezu rasend werden konnte – denn es war damals wirklich Raserei –, ohne daß etwas mich provozierte. Er saß hinter seinem Schreibtisch. Er wartete. Ich wußte, daß er mir zuhörte. Daß er mir helfen würde, Licht in diese Geschichte zu bringen.
Anfangs sagte er: »Erzähl mir von deiner Mutter.« Und ich begann wie ein Wasserfall.
Ich ging mehrmals in der Woche zu ihm. Regelmäßig. Dann arbeiteten wir mit Modelliermasse und mit Zeichnungen. Wir spielten. Wir redeten. Er schrieb die Geschichte auf, die ich erzählte. Er muß sie übrigens immer noch irgendwo haben.

Es war gut. Er tat mir sehr gut. Ich glaube, er hat mir geholfen, meinen Haß herauszuholen. Ihn zu beruhigen. Und statt dessen etwas anderes zu finden. Das hat mir erlaubt, meine Mutter im Gefängnis zu besuchen, ohne jeden Hintergedanken. Er hatte es mir vorgeschlagen. Er hatte wohl das Gefühl, daß ich es könnte.

Ich besuchte meine Mutter einmal im Gefängnis in Fleury-Mérogis. Ich war wohl dreizehn Jahre alt. Fast ein Jahr nach meiner Flucht und ihrer Verhaftung. Danach trafen wir uns wieder im Büro des Richters.
Ich war vorbereitet, könnte man sagen. Bereit, sie zu sehen.
Mein Bruder ging auch hin.
Ich hatte tatsächlich Lust, sie zu sehen.
T.L. hatte mir bei der Vorbereitung dieser Begegnung sehr geholfen.
Ich war neugierig darauf, was ich wohl vorfinden würde. Wen ich wohl antreffen würde.
Ich würde sie anschauen und ganz anders sehen.
Ich hatte komische Gefühle: Gleichzeitig war ich neugierig, ohne echte Furcht oder Angst, und verwirrt.
Als ob ich diese Mutter nicht kannte. Als ob ich jemand anderen entdecken sollte. Die Situation war genau entgegengesetzt zu der, die ich immer gekannt hatte: Sie war eingesperrt und ich frei.
Ich war gespannt auf die Wirkung, die das auf mich haben würde.

Ich kam ins Büro der Richterin. Meine Mutter umarmte mich. Dann ließ uns die Richterin für kurze Zeit allein.
Erst am Tag dieser Begegnung erfuhr ich es: Der Stiefvater war nicht mein Vater. Ich trug nicht seinen Namen, sondern den meiner Mutter. Ich hatte also irgendwo einen Vater, der nichts mit diesem Mann zu tun hatte, dem Gefährten meiner Mutter, dem Vater meines Bruders, dem ich nichts bedeutete. Alles verwirrte sich in meinem Kopf. Ungeordnet stiegen die Erinnerungen auf: das Foto jenes Mannes, das ich im Nachttisch gefunden hatte, dem ich ähnelte – außer ich hatte es nur geträumt –, die Bemerkung meiner Mutter vor dem Fernseher: »Das ist Papa, der da singt.« Ich war schließlich ganz besessen davon, und ich bestürmte meine Mutter mit Fragen nach diesem unbekannten Vater.
Sie wollte mir nichts sagen. Nicht, wer er war, und auch nicht, wie er hieß. Nur, daß er sie schwanger mit sechshundert Francs sitzengelassen hatte.
Es brachte mich nicht sehr viel weiter, zu erfahren, daß er ihr nur sechshundert Francs für alles gelassen hatte. Sie war wirklich stur in dieser Frage. Und ich hätte es so gerne wissen wollen! Ich blieb hungrig.
Ich stellte ihr auch Fragen über sie. Darüber, warum all das passiert war.
Dann kam die Richterin wieder. Wir blieben noch ein wenig zusammen, und schließlich ging ich.
Ich sah sie noch mehrmals vor dem Prozeß. Ich weiß nicht mehr genau, wie oft. Sie und auch den Stiefva-

ter. Getrennt. Bis auf das eine Mal, als wir uns alle, auch mit meinem Bruder, gesehen haben.

Allmählich haben wir gelernt, ohne Schiedsrichter miteinander zu reden. Es war eine richtige familiäre Umerziehung. Sie lernten, Eltern zu sein. Sie vielleicht, Mutter zu sein. Ich mußte lernen, sie nicht nur schwarz zu sehen. Den Haß aus mir zu vertreiben. Ich sagte mir, daß wir in dieser Phase unseres Lebens etwas tun mußten. Daß es möglich war, noch einmal zusammenzuleben. Daß man sich vorstellen konnte, noch einmal ein Leben wie alle anderen zu führen. Ich würde Eltern wiederfinden. Ich brauchte eine Familie, Wurzeln. Wir konnten es doch wenigstens versuchen; versuchen, eine echte Familie zu werden. Wie ich sie niemals gehabt hatte. Die dann ein echter Bezugspunkt in meinem Leben wäre. Das alles dachte ich mir. Ich wünschte mir, daß es möglich wäre. Und unsere Begegnungen verliefen gut.
Ich redete ungezwungen drauflos. Alles war natürlich. Ich war fröhlich. Ich erinnere mich: Ich erzählte von der Schule, von dem, was im Heim passierte, von der Briefmarkensammlung, die ich angefangen hatte. Es gibt immer etwas, was hängenbleibt. Ein oder zwei Jahre haben genügt, meinen Haß zu mildern, abzubauen. Statt dessen hatte ich die Fähigkeit zur Verzeihung gefunden, ohne es zu wissen. Was blieb, war die Bindung, das Band.

Dann kam der Prozeß, der mich zutiefst verstörte. Zu Beginn dieses Buches habe ich gesagt, daß ich vor Gericht nichts ausgesagt habe, weil mein Bruder mich darum gebeten hatte.

Doch jetzt, wo ich an diesem Punkt meiner Geschichte angelangt bin, kann ich sagen, daß in diesem Augenblick meine Gefühle gespalten waren: daß nicht nur die Bitte meines Bruders eine Rolle spielte, sondern auch alles, was sich während der Besuche bei der Richterin mit meiner Mutter abgespielt hatte.

Es war schwierig, mich klar auszudrücken, meinen Wunsch zu formulieren, der zu gleichen Teilen darin bestand, daß das Leben wieder seinen normalen Gang nehmen möge, aber auch darin, von dem Bösen zu erzählen, das man mir angetan hatte …

Der Wunsch, daß all dieses Schreckliche aufhören möge und daß wir davonkämen, war stärker. Ich habe weiterhin meine Mutter gesehen und habe ans Justizministerium geschrieben:

Monsieur,
meine Eltern sind im Gefängnis von Versailles und von Fleury, weil sie mich in meiner Kindheit schlecht behandelt haben. Ich war in einem Wandschrank eingesperrt. Ich habe meine Geschichte noch einmal durchlebt, und das, was ich aus dem, was ich erlebte, gelernt habe, läßt mich Ihnen heute schreiben. Ich habe Doktor Lainé, der mir sehr geholfen hat und zu dem ich vollstes Vertrauen habe, von meinen Gedanken erzählt.
Ich muß meine Mutter und meinen Stiefvater in Freiheit wiederfinden ... Ich werde am 29. Mai siebzehn Jahre alt. Sie müssen so schnell wie möglich freikommen ...

Auszug aus dem Brief an den Justizminister

Ich fuhr mit dem Heim und der Schule ins Ferienlager. Es war eine neue Erfahrung. Als wir das erstemal hinfuhren, waren wir viele. Wirklich sehr viele.
Am ersten Morgen waren so viele Menschen im Frühstücksraum, daß mich Panik ergriff. Ich traute mich nicht, hineinzugehen. Glücklicherweise war eine Kameradin aus dem Heim bei mir und half mir, diese Angst zu überwinden und zum Frühstücken zu gehen. Allmählich habe ich mich eingewöhnt.
Ich lebte mich ein.
Dann kamen andere Ferienlager, in denen alles gutging.
Ich begann, die Mädchen anzusehen.
Ich kannte keine anderen Frauen außer meiner Mutter näher. Doch die Mädchen, die ich da vor mir hatte, hatten nichts mit ihr zu tun. Sie machten mir keine Angst. Ich sah sie völlig anders als meine Mutter.
Im Laufe einer dieser Fahrten ins Lager hatte ich ein sehr schönes Mädchen entdeckt. Alle Jungen sahen nur sie. Ich sagte mir, daß sie sowieso nicht für mich in Frage kam. Aber schließlich haben wir zusammen

den Abend verbracht. Ich war richtig glücklich. Aber am nächsten Tag habe ich mich schlecht benommen. Wie immer bin ich zu spät zum Frühstück gekommen. Ich war ein wenig benommen. In meinem Kopf war nur Nebel. Alle sahen mich an. Sie auch. Ich sagte kein Wort, begrüßte auch niemanden. Ich richtete kein Wort an sie. Ich wollte sie eigentlich danach sehen. Aber es war zu spät. Sie war gekränkt oder so etwas. Kurz, sie ließ mich bezahlen. Und ich verlor sie.

Dann war da eine, die vierzehn Jahre alt war, aber sehr viel älter wirkte. Sie war fleißig. Sie hatte eine Mutter und eine kleine Schwester. Ich glaube, ich habe um sie gebalzt wie ein Irrer! Und sie hat mich ganz schön lange warten lassen!

Sie war noch nie mit einem Jungen aus gewesen. Das sagte sie jedenfalls! Dabei war sie so hübsch! Ich habe also versucht, dieses Manko zu beheben! Dauernd sagte sie zu mir, sie würde mir am Ende der Woche eine Antwort geben! Sympathisch!

Ich habe also geduldig gewartet.

Schließlich haben wir uns fast jeden Abend getroffen! ... Das waren Ferien! ...

Tatsächlich ist das immer ein ganz schöner Kampf mit den Mädchen! Man gewinnt oder man verliert! Dabei ist es blöd, von Gewinnen und Verlieren zu reden. Das ist nicht die Frage. Wenn man sich auf die gleiche Weise gefällt und wenn man sich gut versteht ...

Ich mag lieber ruhige Mädchen. Mir gefallen Mädchen, die Energie und Autorität besitzen, aber vor allem nicht schreien. Sich nicht aufregen. Ich schreie nicht. Ich rege mich nicht auf. Ich habe noch nicht viel Erfahrung, aber ich habe das Gefühl, Schreien bringt nichts!
Ich weiß, daß ich jünger wirke, als ich bin. Um so besser oder um so schlimmer, ich weiß es nicht. Vielleicht werde ich mit vierzig Jahren deshalb noch nicht wie ein alter Narr aussehen!

Einmal hatte ich wegen meiner Hände Schwierigkeiten.
Es war bei einer Klassenfahrt nach Saint-Aignan in der Gegend von Nièvre. Ich hatte einem Mädchen zu verstehen gegeben, daß ich mit ihr ausgehen wollte. Ich hatte nicht sofort eine Antwort bekommen. Das war nicht nur nicht sehr angenehm, was meine Situation anging, sondern meine Mitschüler und sie hatten sich auch noch in einem Zimmer versammelt, um zu diskutieren. Ich kam mir wie in der Falle vor, verurteilt, ein bißchen verraten. Ich lauschte an der Tür. Einer der Jungen fragte sie, ob sie wegen meiner Hände nicht mit mir ausgehen wolle.
Da wurde ich wirklich traurig. Ich wollte es schon sein lassen. Ich war auch ein bißchen wütend. Hinterher habe ich sie gefragt, ob der wahre Grund wirklich meine Hände waren. Sie sagte nein; sie haben einen anderen Freund in Paris und sie sei einfach nicht interessiert.

All das hat mich angeekelt und traurig gemacht: Man konnte mich wegen meiner Hände ablehnen. Ich konnte zurückgestoßen werden. Meine Hände warfen mich aus dem Spiel. Das war wirklich eine Behinderung, die mich verfolgte.

Zu Beginn meines Lebens im Heim wurde ich gründlich von den Ärzten untersucht. Unter anderem brachte man mich ins Boucicaut-Krankenhaus, um mir die Haut entfernen zu lassen, die sich zwischen Daumen und Zeigefinger gebildet hatte. Die Glieder der rechten Hand hatten sich zusammengezogen. Ich konnte die Finger nicht ausstrecken; deshalb bekam ich einige Monate lang einen Apparat mit einer Feder, um sie wieder zu trainieren. Ein Spezialist für Hände, ein sehr guter Arzt, kümmerte sich um mich.
Heute kann ich meine Finger fast normal strecken. Ich könnte ein Saiteninstrument spielen, zum Beispiel einen Baß oder eine Gitarre. Klavier wäre schwieriger. Ich habe immer noch Probleme mit dem Zeigefinger und dem Mittelfinger.
Ich erinnere mich, daß wir in diesem Krankenhaus einmal mit einer Krankenschwester eine Sendung über Mesrine anschauten; sie sagte mir, daß die Frau von Mesrine im selben Krankenhaus operiert worden sei und daß sie im selben Bett wie ich jetzt gelegen habe. Ich kam mir plötzlich sehr komisch

vor! Sie sollten dieses Bett verkaufen, und zwar teuer!

Es stimmt, daß sich alle gut um mich kümmerten. Doch das hielt mich nicht davon ab, genauso viele Dummheiten zu machen wie die anderen.
Im Laufe eines Ausflugs zum Mont-Saint-Michel mit Leuten aus Ivry fanden es ein paar aus meiner Gruppe interessant, in einem Geschäft zu stehlen. Und ich folgte ihnen, ich machte es ihnen nach. Und wir haben uns erwischen lassen! Ich gab an. Ich spielte den Idioten und lachte blöde. Als ob mich das alles amüsierte!
Ein Polizist fragte mich, ob ich denn völlig verdorben sei. »Ja, sicher«, antwortete ich. Dann ließen sie uns wieder frei.
Das Problem ist, daß wir wieder dorthin zurückkehrten. Wir hatten kleine Goldkettchen geklaut. Wirklich alles mögliche! Das wurde dann fatal! Natürlich ließen wir uns wieder erwischen. Wir mußten dem Laden alles zurückgeben. Die Betreuer, die auf uns aufpaßten, mußten eine ganz schöne Gardinenpredigt der Polizisten über sich ergehen lassen.
Wir waren alle auf dem Revier, in Strümpfen, und wurden durchsucht. Ich starb fast vor Scham. So eine Dummheit hatte ich noch nie angestellt.
Einer der Kameraden, der sicher stärker als die anderen erscheinen wollte, fragte die Bullen ganz beiläufig: »Und wenn wir jetzt davonlaufen, was machen Sie dann?«

»Dann zielen wir auf eure Beine.«
Vielen Dank!
Hinter den Bullen lag auf einem Regal eine große Packung Gauloises. Ich hatte große Lust, sie einzukassieren. In Wahrheit war ich gekränkt. Ich hätte wer weiß was erfunden, um mich von meiner Scham abzulenken, irgend etwas, was wie ein Spiel, eine Herausforderung aussah: zum Beispiel ihnen unter ihren Augen die Zigaretten mopsen.
In unserer Gruppe gab es viele Nordafrikaner, und eine Bulle konnte es nicht lassen, sie zu fragen, warum sie nicht zu Hause geblieben seien. Na, wunderbar! Die Atmosphäre war angespannt.
Das alles war nicht gerade toll. Doch auf jeden Fall hatte ich seitdem keine Lust mehr zum Klauen, egal was und egal wo.

Wenn ich daran [illegible]

Ich kann [illegible]

Wenn [illegible]

Ich [illegible]

Wenn ich allein bin, das heißt, wenn ich nicht mit jemandem reden muß, muß ich einfach nachdenken: Ich meine, daß ich einfach nachdenke, bevor ich irgend etwas tue. Was mir Probleme bereitete, als ich noch zur Schule ging.
Ich kam schon regelmäßig zu spät, weil ich daran gewöhnt war, morgens stundenlang zu schlafen: Es gelang mir nicht, rechtzeitig aufzuwachen oder aufzustehen. Ich hatte nicht denselben Lebensrhythmus wie die anderen. Ich lebte in gewisser Weise wie ein Wilder.

Wenn ich aufstand, brauchte ich erst eine Viertelstunde, um nachzudenken, ohne etwas anderes zu machen. Schon da war ich dann zu spät dran.
Danach, unter der Dusche, während des Frühstücks, blieb ich weiter in Gedanken versunken; das war einfach lebensnotwendig.

Ich brauchte für alles ungeheuer viel Zeit. Ich lebte mit dem Kopf in den Wolken. Im Alltag geht das an die Nerven.

Oft bekam ich zu hören: »David, beeil dich. Woran denkst du? Was machst du da wieder?«
Überall kam ich zu spät: in der Schule und später an meinen ersten Arbeitsstellen. Man schimpfte mich einen Nichtstuer. Dabei glaube ich nicht, daß ich wirklich faul bin. Doch es stimmt, daß ich mehr Zeit für mich brauche als die meisten Leute. Zeit nur für meine Gedanken, dafür, sie zu sammeln, um danach erst im Alltag anzukommen.
Heute gelingt es mir, mich auf die Arbeit zu konzentrieren, wenn man mich in Ruhe arbeiten läßt, ohne mir Vorschriften zu machen. Aber auch da muß ich mich anstrengen, um die Ideen zu verscheuchen, die mir ständig im Kopf herumgehen. Es ist furchtbar. Manchmal stelle ich mir alle Traurigkeit der Welt vor. In solchen Augenblicken habe ich wirklich Probleme mit dem, was ich gerade tue. Und natürlich merkt man das an der Arbeit, und ich muß mir allerlei Bemerkungen anhören. Verständlich.

Ich habe im ganzen acht Jahre im Heim verbracht. Mit dreizehn Jahren kam ich hin, und mit zwanzig habe ich es verlassen.

Ich war noch nicht ganz fünfzehn, als 1985 der Prozeß stattfand. Ich lebte damals also seit drei Jahren im Heim. Ich ging weiter zur Schule, doch ich arbeitete tatsächlich nicht viel. Auf jeden Fall nicht genug, um die verlorene Zeit wieder aufzuholen.

Ich ging immer noch regelmäßig zu T.L. Er war gekommen, um mir beim Prozeß zu helfen. Er hatte ausgesagt. Und meine Mutter kam aus dem Gefängnis. Ende 1986 oder Anfang 1987, das weiß ich nicht mehr.

Ich weiß nicht, ob mein Brief an den Justizminister ihre Entlassung beschleunigt hatte oder nicht oder ob ihre Haftzeit sowieso beendet war. Auf jeden Fall wurde sie entlassen.

Sie wohnte zunächst in einem Zimmer in einem Heim für ledige Frauen in Charenton. Dort putzte sie. Mein Bruder und ich besuchten sie am Wochenende. Wir

schliefen zu dritt in ihrem Zimmer. Fing da vielleicht ein neues Leben an? Wir nahmen wieder miteinander Kontakt auf. Das war gut.
Sie blieb einige Monate dort. Dann konnte sie in eine Wohnung, auch in Charenton, ziehen.
Es war eine ziemlich helle Wohnung mit einem Flur, von dem ihr Schlafzimmer, ein Wohnzimmer, eine Küche und ein Bad abgingen. Wenn mein Bruder und ich kamen, stellte sie uns ihr Zimmer zur Verfügung und schlief selber im Wohnzimmer. Sie hatte einige Möbel als Grundausstattung.
Wir gingen alle drei spazieren. Wir redeten. Kurz, es sah aus, als ob das Leben in etwa wieder seinen normalen Gang nahm. Wir lernten wieder, zusammenzuleben. Es gab keine Spannungen, zumindest nicht von meiner Seite. Mein Bruder war zufrieden.
Ich hatte meine Briefmarkensammlung mitgebracht und bei ihr gelassen. So konnte ich sie jedes Wochenende wieder sehen. Vielleicht hatte ich die Idee, daß wir eines Tages wirklich wieder zusammenziehen würden.
Diese Briefmarkensammlung war etwas, an dem mir sehr viel lag. Ich hatte im Heim damit angefangen und einen echten Schatz angesammelt.
Meine Mutter putzte weiter im Heim für junge Mädchen, während sie darauf wartete, eine andere Arbeit in der Gastronomie oder im Handel zu finden, ich weiß es nicht mehr. Aber auf jeden Fall war sie immer zurechtgekommen; sie würde sicher etwas finden.
Ich entdeckte einen ganz anderen Menschen. Jeman-

den, den ich niemals gekannt hatte. Sie zeigte ein normales Verhalten, sie war wie alle Mütter!
Einige Monate lang lief alles gut.

Nur waren da immer noch diese Fragen in meinem Kopf. Nach einiger Zeit sind sie wieder aufs Tapet gekommen.
Ich mußte einfach mit meiner Mutter reden. Ich war weder im Kriegszustand noch aggressiv; ich wollte nur verstehen. Ich beschwor die Vergangenheit herauf. Ich wollte, daß sie es mir erklärte. Warum? Warum ich? Ich wollte, daß sie mir sagte, wer mein Vater war. Ich hätte mir so sehr gewünscht, daß sie mir antwortete, nur ein einziges Mal.
Sie aber konnte nicht von der Vergangenheit sprechen. Es war unerträglich. Sobald ich das Thema anschnitt, verschloß sie sich, kapselte sie sich wieder ab. Es war zu schwer für sie. Doch ich konnte einfach nicht den Mund halten.
Da antwortete sie mir eines Tages mit totalem Schweigen.
Sie verschwand einfach.

Es war Silvester 1987.
Ich arbeitete damals in einem Restaurant. An diesem Abend war ich allein im Heim. Ich wollte mit ihr telefonieren, um ihr ein gutes neues Jahr zu wünschen. Seit einiger Zeit hatte ich sie nicht mehr gesehen. Ich rief sie also an, wie ich es immer tat. Jemand, den ich nicht kannte, hob ab. Es war wohl ein Versehen.
Bei der Auskunft fragte ich nach, ob ich mich nicht geirrt hatte. Man gab mir eine andere Nummer. Gut. Ich rufe noch mal an und treffe diesmal auf einen unbekannten Typen, der mir sagt, daß es niemanden mit diesem Namen unter dieser Nummer gebe.
Da verstand ich plötzlich nichts mehr. Ich bekam Angst. Jene Angst, die einem in die Beine fährt. Ich war in einem Schockzustand. Als ob ich einen Schlag auf den Kopf bekommen hätte. Ich blieb in der Küche sitzen, sehr lange, ohne mich zu rühren. Ich versuchte, dem Nebel zu entkommen. Was ging da vor? Wo war sie? Fort, ohne mich zu benachrichtigen und ohne

eine Adresse zu hinterlassen. Sie hatte mir nicht die winzigste Nachricht dagelassen. Nichts. Ein Nichts. Leere. Niemand mehr.
Ich war wütend und gleichzeitig traurig.
Ich wartete, bis der erste Schock vorüber war, und rief dann den Stiefvater an. Er hatte keine Nachricht von ihr. Auch er wußte nichts. Und mein Bruder war genauso geschockt wie ich. Wir vermieden es, darüber zu sprechen.
Ich, der ich ein so großes Bedürfnis hatte, mir alles zu erklären, meine Geschichte in Worte zu fassen, achtete bei ihm darauf, ihn nicht zu verletzen.
Das plötzliche Verschwinden meiner Mutter empfand ich wie eine persönliche Beleidigung. Sobald ich angefangen hatte, mit ihr zu reden, hatte sie auf dem Absatz kehrtgemacht. Ich empfand in diesem Augenblick ein Gefühl tiefster Einsamkeit.

Meine Mutter war verschwunden. Ihr Geheimnis hatte sie mit sich genommen.

Ich begann, über all das Geheimnisvolle nachzudenken, das ich um sie spürte. Ich wollte ihre Geschichte kennen. Es ist schwer, die Geschichte zu rekonstruieren, wenn derjenige nicht mehr da ist.

Meine Großmutter hatte eines Tages von ihrer Tochter gesagt, sie mache den Eindruck, ohne Geschichte zu sein. Glatt. Meine Mutter brauchte immer eine Maske, den äußeren Schein. Doch weder meiner Großmutter noch mir gelang es, bei ihrer Inszenierung mitzuspielen.

Im übrigen mochten die Leute aus dem Haus sie gerne und sagten, sie liebe Kinder.

Und ich schlage mich nun mit all diesen widersprüchlichen Worten und ihrer Abwesenheit herum.

Ich bin nicht in ihren Gedanken. Ich kann kein Urteil fällen. Ich kann nur Fragen stellen.

Ist sie böse auf mich?

Hätt sie mich nun endgültig aus ihrem Leben gestrichen oder nicht? Mußte ich verschwinden, damit sie

leben konnte? Oder im Gegenteil: Mußte sie verschwinden, damit ich leben konnte?
Vielleicht will sie ein Leben lang verschwunden bleiben.
Ich möchte gerne wissen, was aus ihr geworden ist. Ich merke, daß sie noch in meinem Kopf ist, daß ich mich nicht von ihr trennen kann. Wenn sie mir ein Lebenszeichen gäbe, würde ich zu ihr gehen. Ich bin kein harter Mensch.

Meine Mutter ist eine sehr schöne Frau. Auch eine sehr reife Frau. Man sieht sofort, daß sie viel Erfahrung hat. Sie ist schlank und nicht sehr groß. Sie ist ungefähr fünfundvierzig, sieht aber jünger aus.
Sie hat ein hübsches Gesicht und blonde, gefärbte Haare. Eigentlich ist sie brünett. Sie war immer gut frisiert, sehr gepflegt. Sehr gut geschminkt, mit dunklen Augen.
Ihr ganzes Äußeres ist glatt. Makellos, könnte man sagen. Vielleicht ist sie jetzt älter geworden.

Von Anfang an war ihre Geschichte schwierig.
Als sie klein war, litt sie unter einem alkoholsüchtigen und gewalttätigen Vater. Sie hatte mehrere Brüder und Schwestern; die ganze Familie lebte im Elend. Sie sagte, daß ihre Mutter sie nicht liebte, daß sie sich ausgeschlossen fühlte. Meine Großmutter behauptete natürlich das Gegenteil. Sie mußte das Elternhaus sehr früh verlassen. Sehr schnell ist sie allein zurechtgekommen.
Sie ist sehr intelligent.

Sie hat mich sehr jung bekommen. Allein. Ohne Mann. Und ich war ohne Vater. Sie wollte in diesem Moment sicher kein Kind. Es war wohl sehr hart für sie. Sie ließ mich für ihr Unglück büßen. Man läßt immer andere für sein Unglück büßen, nicht wahr?
Suche ich Entschuldigungen, oder versuche ich zu verstehen?

Es ist, als ob sie sich in gewisser Weise selber verleugnet hätte. Sie wollte ihre Ursprünge ausradieren, für die sie sich schämte. Im übrigen kannte sie sie nicht, da sie ja nicht wußte, wer ihr Vater war. Als ich auf die Welt kam, paßte ich nicht in ihre Welt. Auch deshalb schämte sie sich. Sie wollte mich verstecken. All das muß schrecklich schwer gewesen sein.
Die Blitzepisode und der Bruch mit meinem Vater, das neue Leben mit meinem Stiefvater und die Geburt meines Bruders, all diese Ereignisse ließen wirklich keinen Platz für mich. Und dann hat die Tatsache, daß ich so schlecht mit ihr auskam, daß zwischen uns nichts war, die Lage auch nicht gerade besser gemacht.

Jemand sagte mir einmal, daß meine Mutter mich auf ihre Weise geliebt habe. Das konnte ich nur schwer glauben. Es handelte sich wohl eher um Haß.
Meine Wirklichkeit, das, was ich acht Jahre lang erlebt habe, hatte nichts mit Liebe zu tun. Man sagt

oft, daß Liebe und Haß zwei Seiten einer Medaille sind, doch das sehe ich nicht so!
Sie hat sich mir gegenüber immer so schlimm verhalten, hatte so gewalttätige Reaktionen.

Etwas hat mich lange geärgert: daß sie meine Existenz leugnen wollte.
Sie wurde dafür verurteilt, mir die Hände verbrannt zu haben.
Nun, sie hat nie zugegeben, es getan zu haben. Ihre Erklärungen hielten nicht stand: daß ich beim Spielen ins Bidet gefallen sei, daß sie dort hinein ihre Wäsche zum Kochen legte, daß es ein Unfall gewesen sei, usw.
Wenn ich wirklich ungeschickt gefallen wäre, hätte ich die Hände sehr schnell herausgezogen und hätte keine so schlimmen Verbrennungen abbekommen, und das nur an den Händen. Sie hat wirklich völlig unrecht. Es ist ganz offensichtlich, daß ich mit Gewalt festgehalten wurde.
Im folgenden behauptete sie, sie habe mich eingesperrt, um meine Hände zu verbergen. Falsch. Ich bin schon lange vor den Verbrennungen eingesperrt gewesen.
Sie hat sich immer geweigert, zum Psychiater zu gehen. In ihren Augen ging es ihr gut. Sie wollte sich nie behandeln lassen. Ich finde das wirklich schade.
Wenn ich an all das zurückdenke, sage ich mir heute, daß, wenn wir wieder zusammengelebt hätten, wir uns gegenseitig beobachtet hätten, mit all der Last

der Vergangenheit, ohne viel weiterzukommen. Ich war selber nicht reif genug, um mit ihr umzugehen.

Im Moment kann ich mir nur schwer vorstellen, wie wir uns wiederbegegnen könnten. Und selbst wenn es dazu käme, was bleibt denn noch möglich? Es ist zu spät.
Wir werden für den Rest unseres Lebens einer vor dem anderen stehen. Oder aber man muß einen Schlußstrich unter alles ziehen, was nicht möglich gewesen ist.
Ich frage mich, was aus ihr im Großmutteralter werden wird.
Es ist schwer zu sagen, ob es sich um eine Kriminalgeschichte, um eine Geschichte der Leidenschaft oder um beides handelt.
Ich kämpfe mit einem Phantom.

Das Leben im Heim ging ohne sie weiter.
Ich hatte die Schule verlassen.
Ich versuchte, zu arbeiten, ins Berufsleben einzusteigen, wie man sagt, um mir meinen Lebensunterhalt zu verdienen. Es war schwierig, unter diesen Bedingungen eine Arbeit zu finden.
Ich wußte nicht viel, nur daß das Leben eine wahre Galeere ist! Und daß ich ganz allein damit fertigwerden mußte.
Ich wurde als Hilfsarbeiter in einem Restaurant in Ris-Orangis eingestellt. Hatte einen Vertrag für achtzehn Monate. Dort habe ich einiges gelernt. Die Arbeit dort verlief gut. Dann fand ich einen Job als Lagerist in Montlhéry. Ich mußte Fahrradteile verpacken. Nicht gerade toll. Doch ich bin auch nicht lange geblieben.
Ich glaube, daß ich damals ganz schön rumgeirrt bin. Im Leben, in meinem Kopf, auf der Suche nach dem, was ich machen könnte.

Ich hatte wieder eine Arbeit gefunden: Angestellter in Corbeil. Ich bin nach sechs Monaten wieder gegangen. Die Atmosphäre war nicht berauschend, ja, sogar schlicht und einfach schlecht, und der Chef komisch.
Ich war neunzehn und hatte wirklich Probleme, mich in der Arbeitswelt zurechtzufinden. Meine Mutter hat mich zwar nicht umgebracht, als ich klein war, doch die Last der Vergangenheit ist manchmal so schwer, daß sie mich daran hindert, etwas zu tun. Ich will nicht sterben, ganz und gar nicht. Selbst wenn alles manchmal so schwierig ist.
Schwierig, seinen Platz zu finden. Schwierig, zu wissen, was man wirklich tun möchte. Schwierig manchmal, mit den anderen zusammen zu sein.

Damals wurden die Kontakte mit meinem Bruder immer seltener. Immer war ich es, der anrief, um zu hören, wie es ihm ging. Er dagegen rief nie an. Da habe ich es dann sein lassen. Ich nahm den Hörer nicht mehr ab und habe nichts mehr von ihm gehört. Ich hatte das Gefühl, allein auf der Welt zu sein.
Die Traurigkeit ist zurückgekehrt. Mit der Bitterkeit und einer Art Wut darüber, daß alle Pläne, alles, was möglich gewesen wäre, zusammenbrachen. Meine Mutter war verschwunden, mein Bruder lebte sein eigenes Leben, ohne sich um meines zu kümmern. Ich war verlassen, vergessen. Ich mußte allein zurechtkommen.
Da bekam ich, anstatt diese vergiftete Traurigkeit in

mir zu behalten, Lust zu schreiben. Ich wollte nichts anderes mehr als das!
Hätte ich das Schreiben auch lassen und mir anders helfen können?
Ich glaube, ich wäre blöd geblieben!
Das Bedürfnis zu schreiben, zu erzählen, was mir passiert ist, ist ein alter Gedanke.
Schreiben ist leichter als das Wort allein.
Ich wollte auch in aller Öffentlichkeit Zeugnis ablegen und dafür sorgen, daß das gleiche nicht anderen passiert. Es war ein gutes Mittel, mich an mehrere Menschen gleichzeitig zu wenden, auch an die, die meine Familie waren.
Ich mußte die Dinge ans Licht bringen, Ordnung in meinem Kopf schaffen, meine Gedanken rekonstruieren.
Ich konnte die Wut, die Traurigkeit ausdrücken und dieses Leiden nach außen kehren, außerhalb von mir.
Es weit wegschieben, um es loszuwerden.
Aber auch, um es nicht zu vergessen.
Und so lebe ich nun!
Ich habe das Gefühl, auf der Suche zu sein.
Auf einem Weg der Entdeckungen.
Allmählich kommen Antworten, anstatt daß ich nur Fragen habe.

Dieses Buch war eine Art Befreiung. Und Bereicherung.
Ich bin jetzt nicht mehr derselbe wie am Anfang dieses Buches.

All dies hilft mir zu leben.

Vielleicht handelt es sich um eine Art von Begegnung. Eine Begegnung mit der Feigheit, mit der Scham der einen und der anderen, die sich wie Diebe davongemacht haben. Ein Mittel, all das zu überwinden.

Schreiben, Reden ist eine Art, die Wahrheit zu finden, meine Wahrheit. Wenn man in sich zu viele Fragen hat, kann man nicht vorankommen.
Es kommt der Augenblick, wo man nicht anders kann, als sie auszusprechen.
Ich glaube, ich bin an diesem Punkt angekommen.